Si le droit m'était conté...

DALLOZ

31-35 rue Froidevaux, 75685 Paris cedex 14

ISBN : 978-2-247-19104-8
ISBN CAMPUS : 978-2-247-19541-1

François Ost

Si le droit m'était conté…

DALLOZ

Sommaire

À ceux et celles qui, comme
L'homme de la campagne de *Kafka,*
se consument devant les portes de la Loi,
alors qu'elles sont ouvertes...

Prologue

Un recueil de contes parle par lui-même, ou alors, s'il ne *dit* rien, c'est qu'il manque sa cible. Aussi, son prologue se doit-il d'être bref, – juste un prélude, comme une mise en bouche.

Que le droit et le récit aient partie liée, est une vérité maintenant bien acceptée, ou, plus exactement, redécouverte, car longtemps on ne l'a pas ignorée.

Plus originale, en revanche, est l'idée qu'on puisse faire du droit *par* la littérature : avancer et discuter des thèses juridiques en racontant des histoires. Tel est le pari de ce livre.

Ce n'est plus la grande littérature qui parle du droit, et les juristes qui la commentent (droit *dans* la littérature), ce sont des juristes qui prennent la plume, racontent le droit et s'interrogent sur sa nature, ses fonctions, ses valeurs. La littérature comme voie du droit, le droit mis en récit[1].

Toutes les potentialités du récit sont mobilisées à cet effet : ses pouvoirs de séduction, de suggestion, d'expression, de conviction ; sa capacité à suggérer des morales convaincantes, son aptitude à susciter l'empathie. Le récit ouvre la voie ; la technique et la théorie suivent, aménageant et consolidant

1. En ce sens, W. Mastor et L. Miniato, « Le Droit comme récit », in *Recueil Dalloz* 7 déc. 2017, n° 42, p. 2433.

le monde que l'imagination a rendu possible. « Le symbole donne à penser », écrit P. Ricoeur[1] ; on peut dire de même de la métaphore, de la fable et du conte : il y va d'une donation de sens où s'enracine le travail ultérieur de la pensée.

La pensée, et aussi la morale. La Fontaine, qui fut aussi juriste, écrivait : « une morale nue apporte de l'ennui/Le conte fait passer le précepte avec lui »[2]. Et Jean Carbonnier, qui fut aussi sociologue, lui fait écho : « la fable, sans paraître y toucher, ne conduit-elle pas ses lecteurs de la narration à la norme ? »[3]. Kant pensait de même lorsque, à la fin de sa vie, il étudiait les situations dans lesquelles il faut décider sans disposer d'une règle incontestable d'ores et déjà disponible – l'ordinaire du juriste, en somme : à défaut du rassurant jugement *déterminant* qui déduit la solution du principe *a priori*, il faut alors s'en remettre, écrit-il, au jugement *réfléchissant*, qui raisonne, sans filet, à partir de *récits* exemplaires, « qui nous mettent sur la voie »[4].

À sa manière, ce livre explore toutes les variétés du conte juridique : la fable historique et la fiction animalière, le récit de science-fiction et le reportage réaliste, la spéculation onirique et la nouvelle fantastique, le conte philosophique, la dystopie et même la fantaisie théologique. Quelques fils conducteurs relient parfois ces textes : les animaux, le monde de la mer, les références bibliques ; parfois ce sont des clés littéraires qui sont discrètement évoquées (les îles, les procès, les humanoïdes), à l'occasion se laissent reconnaître des théories du droit et de la justice, mais l'objet unique de ce livre est le droit lui-même, dans son inépuisable richesse. Du déluge initial au jugement dernier, des procès historiques

1. P. Ricoeur, « Le Symbole donne à penser », in *Esprit* juill. 1959.

2. J. de La Fontaine, *Fables*, Paris, Presses Pocket, 1989, p. 175. Et l'auteur d'ajouter : « en ces sortes de feinte il faut instruire et plaire / Et conter pour conter me semble peu d'affaire ».

3. J. Carbonnier, *Flexible droit*, Paris, LGDJ, 1971, p. 229.

4. E. Kant, *Critique de la faculté de juger*, trad. par A. Philonenko, Paris, Vrin, 1993, p. 172.

faits aux animaux aux problèmes futuristes posés par les robots, des îles désertes aux majestueux palais de justice, des marées noires aux avatars juridiques d'une grande démocratie contemporaine. Ce sont huit récits qui font réfléchir à la norme, comme y invitent Kant et Ricoeur, en posant d'étranges questions. Qu'on en juge :

– *Un droit pour l'arche de Noé ?* Faut-il du droit à bord de l'arche ? Noé en débat avec ses passagers. La loi naturelle ne suffit-elle pas ?, mais alors, faut-il l'entendre à la manière du lion ou à celle de la colombe ? Et si l'on opine au contraire en faveur de la loi écrite, en faut-il beaucoup, et de très contraignantes, comme l'exigent les abeilles, ou peut-on se satisfaire de principes souples, comme le recommande le dauphin ? Planche de salut, l'arche pourrait bien se révéler un laboratoire juridique d'une étonnante actualité, surtout lorsque se pose la question de la mise en commun des réserves et que résonnent les appels de détresse d'animaux oubliés réclamant l'asile dans l'arche.

– *Moi, Martin, ours à cinq pattes. Lettre à mes juges.* Que nous révèlent ces procès d'animaux que l'Occident a instruits des siècles durant ? Pourquoi la difformité de Martin le condamne-t-il ? Édifiants, ces procès d'animaux jugés coupables (de se nourrir, d'être trop nombreux, d'êtres différents) nous renseignent surtout sur les mentalités des hommes et des femmes qui nourrissaient de tels griefs, et pourchassaient d'un même zèle d'autres humains, jugés eux aussi marginaux, tels sorcières et hérétiques.

– *Solange B., infanticide ?* Les progrès fulgurants de l'intelligence artificielle et de l'ingénierie biotique posent au droit d'aujourd'hui des questions embarrassantes ; ainsi celle dont cette Cour d'assises doit débattre : « *Tuer son propre clone, de surcroît équipé d'une intelligence artificielle, est-ce un meurtre, un infanticide même, ou la destruction d'une entité non humaine ?* ». Réunis en jury, douze hommes et femmes en débattent, avec pour enjeu rien moins qu'une définition juridique de l'humanité.

– *Fortune de mer.* À quoi sert le droit? Chronique d'une catastrophe annoncée, le naufrage de l'*Amoco Cadiz,* en mars 1978, jette une lumière crue et contrastée sur cette question. Impuissance du droit d'un côté, contourné par le cynisme du régime des pavillons de complaisance; force du droit de l'autre, lorsque des maires bretons finissent par obtenir justice à l'encontre d'une société américaine dont le chiffre d'affaires représente le quart du budget annuel de la France.

– *3, 2, 1,...* Se pourrait-il que, parfois, la réalité dépasse la fiction? La dénaturation du droit dans une grande démocratie contemporaine le donne à penser. Une dystopie prend forme quand, fasciné par son président Selfidor et sa devise *Jamais deux sans moi,* le peuple en vient à oublier le droit. Quand le tiers, signe du droit, est exclu ou instrumentalisé, s'annonce une régression à l'état de nature où tous les coups sont permis. C'est le retour au face à face primitif, et bientôt à l'hégémonie du un, avant de rejoindre le zéro : vide, néant, silence, encéphalogramme plat.

– *Dessine-moi une île de justice. Songe cariocain* invite à un parcours nomade et onirique. Quel livre tout juriste devrait-il emporter dans une île déserte, s'il n'en pouvait sauver qu'un? Tel est le thème du Congrès de *droit et littérature* que le jeune doctorant rejoint au cours d'un vol transatlantique. Et si c'étaient les îles elles-mêmes qui se mettaient à parler de justice? Utopistes et colons, mutins et bagnards, exilés et pirates se bousculent au cours de ce périple initiatique où le droit se réinvente.

– *Aux marges du Palais*: où conduisent les passages dérobés que recèle le majestueux Palais de justice? De quelle justice nous parlent ces doubles-fonds? L'enquête conduira aux quartiers populaires de la ville et à son théâtre de marionnettes où se tiennent les assises d'une justice alternative qui accueille les recalés de la justice officielle. Au choix : chambre des broutilles, ou chambre des affaires complexes, salle des plaideurs compulsifs, audience des vengeances, session des grâces et pardons, tribunal de la conscience, et tribunal de l'histoire... avec, au mur, le tableau des *Juges intègres* de Van Eyck, disparu depuis des décennies.

– *Jugement dernier* pose, le plus sérieusement du monde, des questions juridiques très précises à propos des garanties offertes aux justiciables à l'occasion du jugement dernier. Ce jugement universel ne devrait-il pas préoccuper les juristes au premier chef?, et la justice divine ne doit-elle pas se montrer exemplaire, sur ce point comme sur d'autres? Mais, au juste, s'agit-il vraiment de jugement? L'avocat du diable et l'avocat *pro deo* en débattent devant un *Tribunal céleste* qui finira par poser une question préjudicielle au Très-Haut lui-même.

* *
*

Kafka, proposant pour une fois l'exégèse d'une de ces nouvelles – *Devant la Loi,* qui clôture le *Procès* – pose la question : cette histoire est-elle vraie? et de répondre : non pas vraie, mais *nécessaire.* C'est que, sous sa plume, la règle présente l'étrange et inflexible nécessité de la loi naturelle; elle frappe sans prévenir et sans raison, comme l'archaïque nécessité de la justice immanente. Quant à moi, je ne prétends ni à la vérité, ni à la nécessité, ni même à la justice de ces récits. Tout au plus aurai-je aspiré à la *justesse* – comme un accord fugace entre l'ordre des choses et l'aspiration des hommes, l'harmonie, un instant entrevue, entre le possible et le souhaitable.

Et puis aussi parfois, avec Ricoeur encore, l'espérance de retrouver, pour le droit, la force des commencements[1].

1. P. Ricoeur, *ibidem,* « Ce n'est pas le regret des Atlantides effondrées qui nous anime, mais l'espoir d'une recréation du langage ».

Un droit pour l'arche de Noé ?

En hommage à Jean de La Fontaine, juriste et fabuliste et avec la complicité de l'équipage du Mango et de son skipper.

Et ce furent de grands désordres, et ce fut le déluge.
Le courroux du Créateur sur la terre déchaîné.
Sur l'onde épandue voguait l'improbable galère,
Tandis que le ciel, en de furieuses cataractes, sur la terre se déversait.
Noé et sa femme à son bord,
Et, de tous les animaux, un couple épargné.
Tous retenaient leur souffle, emportés par le flux
– instant suspendu par-dessus les abysses.
Et si le monde aujourd'hui finissait ?

Au début, il avait fallu parer au plus pressé ; des places pour chacun avaient été aménagées : les poissons dans les soutes, noyées comme des ballasts ; les oiseaux dans la mâture, les insectes dans l'entrepont, et les mammifères à l'air libre, sur le pont. Ces derniers posaient le plus de problèmes : déjà les chacals lorgnaient avec gourmandise du côté des gazelles.

Il ne faudrait pas quelques jours, Noé en était persuadé, pour que la croisière de survie se transforme en désastre. Mais de quelle autorité jouissait-il pour imposer un peu d'ordre sur ce navire dont le Très-Haut lui avait confié la barre ? Les humains ne venaient-ils pas de se signaler par leur incapacité à vivre ensemble, paisibles et en bonne intelligence ? Et maintenant, cette arche providentielle n'était-elle pas l'occasion d'innover enfin en matière de gouvernance, comme un ultime laboratoire de survie ?

Réunissant par nations son singulier équipage, le patriarche leur tint à peu près ce langage :

— Mes amis, le ciel aujourd'hui nous épargne, mais il nous faut maintenant organiser notre vie sur le bateau ; pour en délibérer, je propose que vous élisiez un représentant de chacun des quatre genres que la nature a distingués.

Cette consigne parut sage, et voilà que les députations se mettent en place. Sur le pont, parmi les mammifères, l'affaire fut aisée : il suffit que le lion secouât sa flamboyante crinière pour que, d'un accord tacite, tous lui accordassent leur suffrage. Nul n'aurait songé lui disputer la primauté. Au sein du peuple aquatique, ce fut le dauphin qui recueillit le plus grand nombre de voix – son esprit et sa proximité avec les hommes étaient unanimement reconnus. Dans l'entrepont, les insectes confièrent le mandat à l'abeille dont l'organisation rigoureuse des ruches et la conformité sans faille à la règle étaient légendaires. Parmi la nation ailée, ce fut, en dépit de ses protestations d'incompétence, la blanche colombe qui recueillit la palme.

Réunissant en assemblée son petit monde, Noé ouvrit les assises de ce qu'il fut convenu d'appeler désormais le *Conseil de l'arche*. Sans détour, il expose le point :

— Par la grâce divine, de tous les êtres vivants, nous seuls avons échappé à la destruction ; mais demain, si nous n'y prenons garde, nos maigres réserves s'épuiseront, or, nul ne sait le temps que dureront cette pluie et notre séjour sur l'arche. À nous, revient le devoir de garantir la perpétuité de nos espèces respectives, alors que menacent tant l'entre-dévorement que la reproduction incontrôlée. Il s'impose donc, mes amis, de nous fixer les règles indispensables à notre survie. Sur quels principes, dites-moi, pourrions-nous nous accorder ?

— Bien parlé, vrombit l'abeille, il est temps d'introduire ici un peu de discipline ; tout va à vau-l'eau sur ce bateau ; j'en ai vu qui se goinfrent dans les réserves à grain, d'autres qui forniquent sans vergogne, et personne ne semble se préoccuper de la navigation ; mes mandants exigent des règles précises et contraignantes ; qu'en chaque instant de sa vie chacun sache où est son devoir.

— Billevesées, rugit le lion. Depuis que le premier soleil s'est levé, le monde vivant s'est passé de règle et s'en est toujours bien porté. La loi naturelle nous sert de guide et nous garantit, par mes crocs, la liberté qui est notre bien le plus précieux. Une averse prolongée devrait-elle nous détourner de cette loi immémoriale ? Ce serait folie de nous écarter de cet ordre pour satisfaire aux caprices de je ne sais quels passagers des entreponts !

— Sans doute, convint le dauphin, auquel, dans l'entre-temps on avait confié la direction des débats, « mais, reconnaissez, honorable collègue, que votre liberté est celle du loup dans la bergerie. L'ordre naturel dont vous vous réclamez est celui de la jungle, où tous les coups sont permis. Ce n'est pas l'absence de la loi que vous prisez, mais la vôtre, la loi du plus fort. Je doute que la plupart des autres membres de votre confrérie puissent y souscrire. Et puis, vous-même, qui dit qu'un jour vous n'aurez pas besoin d'un plus petit que vous ?

— *Dura lex sed lex*, grogna le roi paresseux, qui se piquait volontiers de latin. Le monde est ainsi, et nous n'avons que faire de vos utopies niveleuses. Ce n'est pas encore aujourd'hui, par mes crocs, qu'un phacochère m'imposera sa loi !

— Mes amis, mes amis, susurra la blanche colombe, qui voletait, affairée, de l'un à l'autre, l'heure n'est plus à ces disputes ; la paix soit avec chacun d'entre vous, et que sur les flots règne la concorde. Point besoin de lois, mais d'amour ; que chacun prenne soin de son voisin, se sacrifie pour lui au besoin, et tout ira pour le mieux dans la cité nouvelle que nous destine le Créateur.

— Viens me redire cela à l'oreille, ma jolie, ricana le lion, l'œil mauvais. Puis, se tournant vers Noé : et d'ailleurs, cette affaire ne nous concerne pas. Ce sont les turpitudes des hommes qui ont provoqué ce déluge ; alors, débrouillez-vous avec votre dieu, inventez toutes les règles que vous voulez, mais fichez-nous la paix. Laissez faire l'évolution vitale, laissez passer la sélection naturelle qui, parmi nous, élit les meilleurs et garantit ainsi, mieux que tous vos artifices, le triomphe de la vie.

Noé allait répondre lorsque se produisit un incident d'audience ; un huissier venait déposer des pétitions adressées au Conseil ; le dauphin, en sa qualité de président, en donna lecture. La première émanait des loups ; ceux-ci faisaient savoir qu'en tant que peuple organisé, ils n'avaient que faire d'une constitution générale ; depuis des temps immémoriaux ils suivaient la loi du clan discutée en rocher du conseil. La seconde était adressée par les requins auxquels s'étaient joints d'autres habitants des grands fonds ; en tant qu'animaux marins, ils réclamaient ni plus ni moins que le droit de sécession – le présent déluge leur était aubaine plutôt que menace, et ils réclamaient leur libération immédiate.

Après avoir décrété une suspension d'audience, le dauphin déclara que le Conseil prenait acte de ces pétitions mais n'entendait pas y donner suite. Que certains clans se soumettent à leur règle propre ne posait pas de problème particulier dans la mesure cependant où celle-ci n'entrait pas en conflit avec la loi générale – une constitution commune qui s'avérait aujourd'hui nécessaire, dès lors que l'enjeu était celui de la survie de tous et non de quelques-uns. Sans doute, ces coutumes particulières suffisaient-elles aux temps ordinaires, mais l'urgence actuelle réclamait de l'imagination législative. Quant au prétendu droit de sécession, il ne pouvait en être question : – l'ordre naturel formait un tout, disait l'ambassadeur marin, plutôt embarrassé de l'égoïsme des siens, et ensemble tous se sauveraient, ou bien, tous, périraient :

— Nous sommes tous embarqués sur le même navire, nous n'en avons qu'un seul, et de notre détermination dépend notre survie. Je demande donc aux honorables membres du Conseil d'avancer des propositions.

Une fois encore, ce fut le lion qui réclama la parole.

— Si vous tenez absolument à légiférer, eh bien, par mes crocs, je vous propose de consacrer solennellement la propriété, qui est l'âme de toute législation, l'alpha et l'oméga de toute constitution bien ordonnée. Bannissons la tragédie des communs dont tout le monde aura fait la triste expérience : laissez à tous le libre accès à un territoire, il se transforme bientôt en désert ; cessez de surveiller vos proies, il ne vous en restera plus une avant la prochaine lune. Imposez plutôt la propriété comme droit absolu d'user et de jouir de son bien, et vous ferez l'économie de toutes les autres lois.

— Mon collègue est habile raisonneur, l'interrompît le dauphin, et je ne doute pas que la fable qu'il nous rapporte recueille un large écho, mais je crains que sa proposition ne soit qu'une variante de la loi de la jungle qu'il nous a déjà proposée. Par ailleurs, la tragédie change de camp aujourd'hui : c'est celle des anti-communs, si j'ose dire : ces ressources stérilisées parce que non partagées. C'est de partage dont nous avons besoin, et non d'accaparement ; que chacun, assuré de sa part, ménage celle des autres, voilà le commandement nouveau qu'imposent les circonstances. Du reste, l'ordre naturel dont mon honorable confrère se réclame si souvent, ne manque pas d'exemples édifiants de solidarité animale et d'ingénieux partages de ressources.

C'est le moment que choisit l'abeille pour intervenir.

— Je suis au regret de vous dire, vrombit l'obstinée butineuse, que je n'entends rien à vos sophismes académiques. Tout se passe comme si vous discutiez dans le confort d'un salon, alors que, sur cette arche, nous jouons nos ailes et nos écailles. Personne sur ce bateau ne semble prendre la mesure de la gravité de la situation. Je réclame, quant à moi, des mesures immédiates et drastiques, et les sanctions les plus sévères à l'égard de ceux qui y contreviendraient. Tout, du réveil au coucher, doit être réglementé – la nature est réglée comme une horloge, et le plus petit dérèglement pour tous serait funeste. Tout doit être mis en commun, et la conduite de chacun subordonnée au bien-être de tous.

Une fois encore ce fut le dauphin qui entama la discussion.

— Vous êtes bien avisée, chère consœur, de nous rappeler le cadre de notre discussion. Et il vous honore de vous soucier de l'intérêt général ; mais précisément, je vous le demande, qui définira « le bien-être de tous » dont vous vous réclamez ? Nos débats ne montrent-ils pas que nous en avons, les uns et les autres, des conceptions bien différentes ? L'expérience atteste que des lois contraignantes suscitent défiance et révolte plutôt que l'adhésion. Leur application, et bientôt leur définition, seront confiées à quelques dirigeants qui se croiront éclairés, et la dictature ne tardera pas à s'installer. Par ailleurs, que gagnerions-nous à tout régler dans le détail ? On n'en fait jamais assez à ce régime, et, promulguée d'une heure, la loi sera déjà promise à changements. Il est beaucoup plus avisé, ce me semble, de nous en tenir à quelques grands principes, laissant les contentieux aux juges, et les détails aux administrations.

— Je n'ai pas l'éloquence du président, fit alors l'abeille dont le vrombissement était devenu sifflant, mais j'aimerais rappeler que, sur ce bateau, nous représentons les masses. De nous tous, nous, les passagers de l'entrepont, sommes les plus nombreux – il serait dangereux de ne pas nous écouter.

— Argument irrecevable, fit le dauphin, soudain très ferme. En participant à ce Conseil et en prenant part à cette discussion, tous nous avons convenu de jouer le jeu du dialogue sans contrainte, et de nous soumettre à la loi de l'argument le meilleur. La menace ne fait pas partie des coups autorisés. Personne n'ignore que les insectes sont la majorité sur terre, et il n'est sans doute pas judicieux d'ignorer l'opinion de la majorité. Mais celle-ci ne vous donne aucun titre à imposer comme telle votre loi; c'est du débat et de la confrontation des opinions que surgit la loi légitime que nous cherchons.

Puis, se tournant vers Noé, resté plutôt silencieux, il l'invite à opiner à son tour.

— On a fort bien parlé ici, et en sens divers, fit le patriarche, et je me garderais bien de complexifier encore la discussion. Je me contenterai de suggérer que nous adoptions des lois souples, du droit doux, fait de recommandations assorties d'avantages, d'incitations, de dissuasions, de coups de pouce qui devraient suffire à ce que généralement et progressivement nous adoptions les comportements souhaitables; puis il ajouta, pas trop sûr de son fait : ainsi satisfera-t-on à la fois ceux qui souhaitent une réglementation et ceux qui n'en veulent pas.

— Merci à notre capitaine de tenter la synthèse, enchaîna le dauphin, toujours aussi diplomate, mais je doute que, dans les circonstances actuelles, nous puissions nous satisfaire du droit doux. Mieux vaut sans doute quelques principes fermes : des règles peu nombreuses, mais impératives; nous réserverons le droit doux pour l'application ultérieure.

Mes amis, poursuit-il, il nous faut décider, maintenant que chacun s'est exprimé. Certains recommandent de s'en tenir à la loi naturelle, d'autres se réclament du droit positif. Derrière la loi naturelle, se fait entendre tantôt le règne de la force, tantôt l'exigence de l'amour; et en fait de droit positif, certains visent un droit détaillé et rigoureux, tantôt que d'autres, on vient de l'entendre, se contenteraient de recommandations et de récompenses, – la carotte ou le bâton, en somme. Toutes ces propositions ont du bon, et, à l'heure de la synthèse, il serait dommage d'en négliger l'une ou l'autre. L'honorable représentant du pont se réclame de la liberté – que serions-nous en effet, nous les vivants, sans la liberté ? L'infatigable travailleuse des ruches lui oppose la précieuse égalité. Mais faut-il vraiment les opposer : qu'est ce que la liberté sans l'égalité, sinon hégémonie et domination ? Et qu'est l'égalité sans la liberté, sinon contrainte et répétition ? Et puis s'ajoute aussi la voix de la nation ailée qui nous attire vers les hauteurs de la fraternité ; ici encore, pourquoi choisir et exclure ? – sans liberté ni égalité, la fraternité est tout simplement inconcevable, mais quand elle y ajoute son inspiration généreuse, elle leur confère une force bien supérieure à la peur de la sanction.

Mes amis, pour être durables, nos lois doivent s'appuyer sur la force, mais aussi s'inspirer de la fraternité. Notre arche n'est ni une prison qui marche au fouet, ni un paradis où l'on communie dans l'amour. Des soutes à la mâture, nous égaliserons les lois que nous devons adopter, malgré nos différences qui demeurent ; à tous, au fort comme au faible, elles accorderont une égale protection. Mais elles se garderont bien d'empiéter plus qu'il ne faut sur nos libertés, sous peine de nier nos précieuses différences. Gardons-nous par ailleurs d'enchaîner l'avenir au delà du raisonnable. Notre administration pourvoira aux détails au fur et à mesure que le besoin l'exigera ; quant aux tribunaux que nous établirons, ils régleront les conflits en tenant la balance égale entre les règles générales que nous aurons adoptées et la singularité des cas qui ne manqueront pas de se présenter.

Ce discours fit forte impression sur l'assemblée, chacun se sentant soudain grandi, et de Solon ou Lycurgue partageant l'auguste mission... Aussi s'accorda-t-on aisément sur les principes suivants :

– il sera interdit, durant le séjour sur l'arche, de consommer quelque autre produit que ceux contenus dans les réserves du bateau ;

– l'on s'abstiendra, durant la même période, de tout rapport sexuel non protégé ;

– on confiera au *Conseil* le soin d'adopter toute autre règle générale en cas de nécessité ; une *Administration de l'arche* sera mise en place pour veiller à l'application des présentes lois, tandis qu'un *Tribunal de l'arche* disposera de la compétence exclusive du règlement des litiges qui se présenteront.

Telle fut la loi adoptée au premier jour. Le lendemain, on confia la direction de l'Administration à la fourmi dont le sens de l'organisation était légendaire, et la présidence du Tribunal au hibou, réputé pour sa sagesse. Les jours passèrent, la pluie, ininterrompue, continuait de tomber, et, comme on pouvait s'y attendre, incidents et querelles ne manquèrent pas de se présenter.

Au chapitre des incidents, le livre de bord de l'arche relate la plainte adressée par un certain nombre de passagers au statut incertain, qui ne se satisfaisaient pas de la catégorie dans laquelle on les avait rangés, ni du régime alimentaire correspondant : ainsi les crocodiles, hôtes des marigots autant que de leurs berges, les tortues de mer qui pondent sur les plages, ou encore les poissons volants. On leur fit savoir que leur demande était bien enregistrée, qu'une *commission des classifications* était mise en place et qu'une réponse leur serait adressée sous peu.

Plus embarrassante était la protestation adressée par les escargots : ces gastéropodes au sexe incertain, ou plutôt variable, n'entendaient pas qu'on les considérât d'ores et déjà comme mâle et femelle ; ils jugeaient insupportable cette intrusion administrative de l'état civil dans leur vie privée, et se disaient victimes d'une intolérable atteinte à leur liberté de choix d'une orientation sexuelle. Complètement dépassée par cette demande d'un genre nouveau, si l'on peut dire ainsi, la fourmi se contenta de suggérer qu'une demande soit introduite auprès de son confrère le hibou.

Il fallut également rassurer le mâle de la mante religieuse qui, forcé à une cohabitation rapprochée et permanente avec sa femelle, craignait pour sa vie même ; on lui répondit que, tant qu'il s'abstiendrait de tout accouplement, comme l'ordonnait du reste la loi de l'arche, il ne risquait rien.

Plus sérieux fut ce qu'on appellera dans la suite le « complot des cochons ». Il arriva en effet un moment où, à la faveur de la lassitude et l'angoisse causées par cet interminable périple, des velléités de révolte se manifestèrent parmi l'équipage. Les chiens, chargés d'une enquête discrète, identifièrent rapidement l'âme damnée du complot : un gros verrat qui n'avait pas son pareil pour jeter la suspicion sur Noé et les « traîtres » du Conseil. Ils se goinfraient en secret, suggérait-il, tandis que tous les autres étaient maintenus au régime sec ; bientôt, c'était certain, ils se débarrasseraient de l'équipage pour assurer leur survie. Il était plus que temps de renverser ce régime tyrannique et de lui confier la barre à lui, le cochon, qui partageait la condition des parias et saurait les mener à bon port. Déjà le verrat se laissait appeler « guide suprême » par les siens, tandis qu'il se faisait attribuer double ration au moment des repas, et qu'une garde rapprochée de singes et de moutons le suivait dans tous ses mouvements. Heureusement, la mutinerie fut déjouée avant de s'étendre à l'entrepont et la mature, et le cochon mis aux fers jusqu'à la fin de la traversée.

De son côté, le Tribunal du hibou ne chômait pas non plus. Le premier cas qui se présentât fut une « plainte contre X » déposée par la cane, dans le nid de laquelle un œuf étranger avait été déposé. Bien que les soupçons se soient immédiatement portés vers le coucou, qui affectait la plus parfaite indifférence, on refusa de le condamner sur de simples soupçons ; pas question non plus d'établir un régime sécuritaire de surveillance sur un navire qui entendait rester « arche de droit ».

Incontestable, en revanche, fut le crime des bonobos : les formes arrondies de la jeune guenon ne laissaient en effet aucun doute sur son état ; de toute évidence, elle et son compagnon avaient enfreint le deuxième commandement de l'arche. En vain, le couple plaida-t-il la contrainte irrésistible ; le juge cependant, plus amusé que vraiment indigné, leur accorda la suspension du prononcé de la condamnation, de sorte que leur casier judiciaire, lui au moins, demeurerait vierge.

On fut moins indulgent à l'égard du renard – le rusé goupil crut pouvoir améliorer son ordinaire en mettant la poule du bord à son menu. Bien que son forfait échouât de peu, le fripon au poil roux écopa de la peine maximale ; aussi bien, avait-il prémédité le crime, en usant de mille stratagèmes. Le corbeau, chargé du ministère public, invoqua, de surcroît, les circonstances aggravantes : renard avait pénétré de nuit, et par effraction, dans l'enclos des volailles. Pire encore : il privait l'équipage des œufs précieux de la pondeuse.

Un autre dossier défraya la chronique par son parfum de scandale ; les échos en bruissaient du gaillard d'avant à la dunette arrière : la femme de Noé, invoquant son statut, avait exigé et obtenu, en violation de tous les règlements, des rations de faveur. En dépit des discrètes pressions qui s'exercèrent sur lui, le hibou demeura inflexible, et condamna la femme du patriarche aux travaux d'intérêt général prévus par la règle du bord. La femme de Noé se doit d'être irréprochable, souligna-t-il dans les attendus de sa décision ; et dans une arche de droit, les règles s'appliquent aussi à ceux qui les ont faites.

On épargnera au lecteur la chronique des dossiers dont le tribunal eut à connaître au cours de ces semaines : violences conjugales, conflits de voisinage, prêts à taux usuraire, trafics de tickets de rationnement et marché noir... rien que de très ordinaire, en somme.

Un événement de taille requit cependant une réunion urgente du Conseil : les appels de détresse lancés par une cohorte de naufragés, issus de lointaines contrées, et qui n'avaient pu rejoindre l'arche avant la montée des eaux. Oubliés lors du décompte d'entrée, au bord de l'épuisement, ils nageaient avec l'énergie du désespoir et réclamaient l'asile sur l'arche. Ce fut, il faut le dire, un grand émoi et un profond embarras parmi les passagers.

— Nous n'allons tout de même pas accueillir toute la misère du monde, glapirent les autruches, tirant la tête un instant hors du sable. Déjà que nos maigres provisions suffisent à peine à nous nourrir...

Elles disaient tout haut ce que bien d'autres pensaient tout bas. Mais il se trouva d'autres animaux, sur tous les ponts, pour rappeler que l'asile est un droit sacré et l'hospitalité une noble tradition animale. Et déjà ceux-là lançaient des échelles de coupée par dessus le bordage.

Les esprits s'échauffèrent, tandis que les rescapés étaient parqués sur le gaillard d'avant, exposés à tous les vents ; on allait en venir aux pattes lorsque l'affaire fut mise aux voix. Alors que la majorité allait prendre le parti des autruches, la chienne du bord, un berger allemand, fit valoir qu'eux tous n'étaient rien d'autre que des réfugiés, et qu'il y aurait grande honte à refuser à ces infortunés une faveur dont ils avaient eux-mêmes bénéficié. Ainsi le droit d'asile vint compléter la constitution de l'arche, et l'on fit un peu de place aux nouveaux arrivants.

Jusqu'au jour où la pluie cessa ; les eaux refluèrent, et la blanche colombe ramena un rameau vert, signe de la décrue. L'arche s'était échouée au sommet du mont Ararat, et Noé décréta la fin de l'expédition. Les animaux furent autorisés à quitter le bord, dans l'ordre, et sans précipitation. L'interdit d'entre-dévorement demeurait cependant en vigueur le temps que chacun ait regagné son habitat naturel.

Appuyé au bastingage, Noé devisait avec le dauphin qui s'était attardé. Un superbe arc-en-ciel s'élevait au-dessus de l'horizon.

— Mission accomplie, disait l'animal marin, et voilà que tout rentre dans l'ordre. Nous, les animaux, allons rejoindre nos savanes et nos forêts, nos montagnes et nos abysses. Tout sera comme avant, et nous continuerons à transmettre la vie qui nous fut donnée en héritage. Et vous les hommes, vous rejoindrez vos villes et vos villages ; vous construirez toujours plus de tours, et couvrirez la terre de vos forges et vos moulins. Vous imaginerez être les seules créatures conçues à l'image de Dieu, et vous Lui sacrifierez beaucoup des nôtres sur vos autels. Vous tenterez de gagner les étoiles et vous ferez toujours plus de lois, mais serez-vous plus sages pour autant ?

— C'est que, dit Noé, c'est à nous qu'est confiée la responsabilité de la création.

— La responsabilité, peut-être, mais pas la propriété, comme vous le pensez. Demain déjà tu t'enivreras, et vous oublierez que l'alliance que symbolisent ces sept couleurs est passée avec toute la terre, avec « tous ceux qui sont sortis de l'arche ». Prends garde, Noé, qu'après le second déluge que vous provoquerez, plus aucun rameau vert ne fleurisse sur la terre.

Et le dauphin prit congé, traçant dans l'onde vespérale un sillage irisé.

Si nous débattions…

- Faut-il sortir de l'état de nature ?
- Faut-il du droit et des institutions ?
- Faut-il écrire les lois ?
- La loi écrite doit-elle être contraignante ou souple ?
- Le droit de faire sécession existe-t-il ?
- Faut-il juger selon la lettre ou selon l'esprit des lois ?
- L'équité est-elle une source de justice ?
- Le droit d'asile est-il un droit naturel ?

Bibliographie sommaire

- La Bible, *Genèse*, 6-9,17.
- Th. Hobbes, *Léviathan*, (1651), trad. par F. Tricaud, Paris, Sirey, 1971.
- J. Locke, *Deuxième traité du gouvernement civil*, (1689), trad. par B. Gilson, Paris, Vrin, 1977.
- Montesquieu, *De l'esprit des lois*, (1748), Paris, Garnier-Flammarion, 1979.
- J.-J. Rousseau, *Du contrat social. Ou principes du droit politique*, (1762), Paris, Garnier-Flammarion, 2001.
- Fr. A. Hayek, *Droit, législation et liberté*, trad. par R. Auduin, Paris, PUF, 2013.
- A. Supiot, *L'esprit de Philadelphie. La justice sociale face au marché total*, Paris, Seuil, 2010.
- P. Ricœur, *Le Juste*, t. 1 et 2, Paris, Esprit, 2001.

Moi, Martin, ours à cinq pattes

Lettre à mes juges[1]

À vous, Bertrand d'Ossau, abbé du prieuré de Sarrance, en ce 11 avril de l'an de grâce 1548,

C'est demain qu'on m'exécute, – pendu, par les pattes arrières, au gibet dressé devant l'Église de la Sainte Famille de Pau. Auparavant on m'aura fouetté sur le parvis, et Pierre de Molières, le doyen de la paroisse, aura répété solennellement à mon encontre les paroles de l'excommunication qui me frappe. Toute la population sera rassemblée, on sera dimanche à la sortie de la grand-messe ; les manants et la cour du comte, les enfants et les vieillards, les clercs et les

1. Bien que totalement fictif, le texte qui suit est basé sur un ensemble d'éléments historiques réels : procédures civiles et religieuses et arguments de plaidoiries sont amplement documentés dans les archives judiciaires des quelques 230 procès intentés à l'encontre d'animaux en Europe entre 1120 et 1846 (il s'agit de procès dont les archives ont été conservées. On peut présumer que leur nombre réel fut beaucoup plus élevé). Parmi une abondante bibliographie, je me suis principalement basé sur deux ouvrages : J. Real, *Bêtes et Juges*, Paris, Buchet-Chastel, 2006 et J. Vartier, *Les Procès d'animaux*, Paris, Hachette, 1970.

bourgeois – même les animaux seront rameutés pour qu'ils ne perdent rien du spectacle et soient convaincus, eux aussi, de la défaite des forces sataniques face aux puissances de notre Sainte Église. Au moins m'aura-t-on épargné le masque humain et le travestissement dont on avait cru bon d'affubler une truie homicide en 1386 à Falaize, dans le duché de Normandie. Je tente de m'apaiser en pensant que Paco, le bourreau espagnol venu me voir en ma cellule selon l'usage, fait preuve à mon endroit de plus d'humanité que mes juges : il m'a promis qu'il m'estourbirait la nuit venue pour abréger mes souffrances.

Je confie cette lettre à Lahure, mon geôlier devenu mon ami, qui est de Sarrance comme vous. Je m'adresse à vous, Bertrand d'Ossau, car je sais que vous pourrez m'entendre. On m'a rapporté, en effet, que vous avez refusé à mes juges l'hospitalité de votre salle capitulaire, car vous désapprouviez le procès qu'on me faisait. Je ne vous connais pas, mais je vous sais gré de ce geste. Puis je pense aussi à la statue de Notre-Dame que vous honorez dans votre prieuré : cette statue tirée du gave devant lequel le taureau s'était agenouillé en prières. Je me dis que vous devez comprendre, vous, combien nous les animaux, sommes plus proches des choses d'en haut que ces humains qui nous condamnent.

Ai-je peur de la mort qui vient demain ? Non, pas vraiment ; la mort est naturelle, et nous, les animaux, nous la croisons tous les jours. Mais une immense tristesse me noue la gorge quand je pense à ma chère forêt d'Issaux et ses jeunes pousses délicieuses, au petit lac d'Ansabère où il m'arrivait de m'esbaudir, au cirque de Lescun et ses nuits à la belle étoile... Je me demande maintenant s'il y a un paradis pour les ours – y reverrai-je dame Pierrette, ma fidèle compagne ?

Lahure, avec qui je converse depuis les dix-huit semaines de ma détention, tient la plume. Vous aurez compris que si je parle, nul, bien entendu ne m'a appris à écrire. Lahure, qui a un peu d'éducation, me rend ce service, et je l'en remercie sincèrement. Aujourd'hui, donc, je me décide à parler. Durant mon procès, je me suis muré dans le silence.

Question de dignité d'abord – que répondre à cette accumulation de griefs absurdes dont on m'accablait? Et puis, vous pensez bien que si je me mettais à parler en plein tribunal, c'est pour le coup qu'on m'aurait accusé de diablerie. Je n'en pensais pas moins, pour autant, et je gravais en ma mémoire toutes les péripéties de ce procès interminable, les chicanes de procédure, les arguties des procureurs, les dérobades de mes juges.

C'était de moi, l'ours Martin, dont il était question, et pourtant, personne, jamais, ne se préoccupait de ce que j'en pensais; personne, jamais, n'envisageait les choses de mon point de vue – c'était le procès de l'« ours » en général, un ours abstrait qui n'existe nulle part, l'ours produit des fantasmes des hommes, l'ours dont l'Église avait besoin en ce moment, – de sorte que celui qu'on condamnait n'avait pas grand chose à voir avec moi. Je me demande finalement si le masque humain de la truie de Falaize ne disait pas le vrai : la bête excommuniée et mise à mort n'est pas autre chose que la projection sur nous de la noirceur du cœur des hommes.

Oui, c'est vrai, je suis né avec une cinquième patte, la nature m'a ainsi fait; bien qu'elle rende ma démarche légèrement claudicante, elle ne m'a jamais empêché de courir par monts et par vaux. Mes congénères ne m'ont jamais rejeté, et dame Pierrette m'a donné trois belles portées. Je ne peux dire que les humains m'aient témoigné autant d'humanité. Lorsque je fus capturé par cette triste journée de novembre de l'an dernier non loin de Bedous et qu'on m'exhibait dans les rues du village, les enfants me jetaient des pierres en me traitant de *lou pedescaou* (le va-nu-pieds). Leurs aînés n'étaient pas meilleurs, qui m'avaient brûlé les coussinets des pattes avant, pour me forcer d'avancer debout, exhibant ainsi cette cinquième patte du scandale. Quant à leurs pasteurs, ils étaient pires, qui eurent tôt fait de voir dans cet involontaire appendice le signe d'une diablerie, la preuve évidente de mon dérèglement moral.

Je devenais donc le premier ours à être poursuivi pour commerce avec le démon. Non sans embarrasser mes juges, comme j'ai pu m'en rendre compte par la suite; où trouver des précédents en effet? Il y avait bien eu ce coq, brûlé vif, à Bâle en 1474, pour avoir pondu, en quoi on avait vu un « crime contre nature ». Mais le rapport était mince, et mes juges indécis. Aussi bien s'appliqua-t-on à étoffer mon dossier. N'avais-je pas quelque responsabilité dans ces disparitions de moutons, nombreuses, déplorées par les bergers d'Escot et d'Accous? Et ces dégâts causés jusque dans les étables en vallée de Barétous – n'avait-on pas noté les griffures profondes sur les chairs des victimes? Il se chuchotait dans les chaumières qu'on aurait aperçu certains soirs l'ombre de l'ours à proximité des lieux du crime,... Et puis aussi – honte sur nous – on s'est mis à évoquer à mots couverts « le crime dont on ne peut dire le nom ». Certains de se rappeler en effet l'exécution publique sur le bûcher, en février dernier, de la veuve Catherine, originaire d'Urdos, non loin de l'endroit où l'on m'avait capturé. Cette pauvre femme, contrainte par le veuvage à reprendre l'emploi de berger de son mari, fut accusée de sorcellerie, et – on s'en souvenait maintenant – de commerce avec l'ours. C'était moi évidemment, le complice, le coupable – ce ne pouvait être que moi, qui écumais la vallée d'Aspe depuis si longtemps, exhibant sans vergogne ma nature scandaleuse et multipliant les provocations diaboliques. Ainsi justice serait faite; un coupable idéal était trouvé – à la mesure de l'émoi qui secouait les populations – et la paix reviendrait sur nos douces vallées.

Je me trouvai donc accusé tout à la fois de monstruosité satanique, d'une série de mises à mort de brebis et autres animaux domestiques, et, pour couronner le tout, du « crime dont on ne peut pas dire le nom ».

Si mon dossier était désormais assez consistant pour que mon sort ne fît plus de doute, les autorités n'étaient pas tirées d'embarras pour autant. Un délicat problème de procédure se posait en effet : les crimes ordinaires relevaient des tribunaux seigneuriaux, tandis que la monstruosité et « le crime dont on doit taire le nom » appelaient l'intervention des juridictions ecclésiastiques. Le bailli de Pau, saisi de multiples plaintes de bergers, entendait bien exercer son droit de justice sur mon affaire. Mais l'évêque de Bayonne, aux oreilles duquel les échos du scandale étaient arrivés, arguait de la nécessité d'une intervention spirituelle dans un cas d'une si évidente abomination. Il chargea aussitôt Hugues de Manerville, un dominicain dont la redoutable dialectique faisait merveille dans les procès d'inquisition, d'instruire sans retard mon dossier.

Bien que la subtilité de ces conflits de compétence m'échappât en grande partie, j'en savais assez cependant pour comprendre que j'avais tout intérêt à tomber entre les mains du prévôt plutôt que d'être jugé par les clercs de l'officialité. Les juges seigneuriaux pouvaient en effet se montrer cléments à l'occasion, et il se racontait dans les couloirs de ma cellule (Lahure, toujours prévenant, m'avait rapporté ce point encourageant) que Jacques Boivin, le bailli de Pau, avait même récemment acquitté une colonie de charançons, convaincus d'avoir mis à mal les vignes de l'abbaye de Luc-de-Béarn, allant même jusqu'à leur attribuer la jouissance exclusive d'un terrain municipal en guise de « suffisante pâture », et en considération de leur « droit naturel de se nourrir ». Contrat de la pièce de terre fut dressé, « en bonne forme et valable à perpétuité », non sans concéder cependant aux villageois une servitude de passage sur ledit terrain.

Je vous prie d'excuser l'abondance de ces détails, mais vous conviendrez que, dans l'état où j'étais plongé, aucun point n'était à négliger et que tout était bon pour entretenir mon légitime espoir d'échapper à ce cauchemar.

Comme on pouvait hélas s'y attendre, le point de vue de l'Église dut l'emporter, car je reçus bientôt la visite en ma cellule de l'ecclésial. Question de me faire lecture officielle de l'acte d'accusation dressé contre moi. Non qu'on s'attendît à ce que j'en comprisse quelque chose, encore moins que j'y opposasse quelque résistance – mais il fallait que les formes fussent respectées. Condamné, très certainement, mais dans les formes, ainsi marchait la sainte justice séculaire de l'Église. Une bonne nouvelle cependant : l'ecclésial m'annonçait qu'un procureur m'était désigné, préposé à ma défense : un certain Bruno Vallençon, dont j'appris bientôt par Lahure qu'il était honnête homme, que ne décourageait pas la charge des causes perdues.

Je reprends ici le cours de ma dictée, après interruption. Lahure me proposait la liberté : le soir est tombé, il pleut dehors, ma fuite passerait inaperçue, me dit-t-il ! Mais je décline fermement cette offre généreuse, qui l'expose à des risques et qui me contraindrait à mener désormais la vie d'un repris de justice, fuyard lamentable, traqué par les chiens et les imprécations des hommes; ce n'est pas là l'idée que je me fais de la vie d'un ours libre. J'ai mieux à faire pour occuper mes dernières heures, et grâce à votre concours, cher Bertrand d'Ossau : coucher par écrit les minutes de mon procès pour que témoignage en soit donné à la postérité, et ainsi, peut-être que résipiscence advienne.

L'avocat qu'on m'annonçait ne tarda pas à me rendre visite, pour préparer ma défense. Ce n'est pas qu'il cherchât à s'entretenir avec moi, mais il avait besoin, semble-t-il, de « jauger la bête » – étais-je vraiment le monstre annoncé? Je le devinai honnête homme en effet, sans que je dusse en attendre quelque empathie cependant; sa défense serait distanciée et professionnelle, sans que je susse jamais s'il ajoutait foi, personnellement, à ces folles allégations de diablerie et monstruosité. Lahure m'encourageait cependant, me rappelant ses succès dans les affaires de « multitudes calamiteuses » : nuées de sauterelles, invasions de rats et de souris, colonies d'amblevins qui, telles des plaies d'Egypte, s'abattaient à l'occasion sur les récoltes. On se souvenait particulièrement de son adresse procédurière dans l'affaire des souris du val d'Aran. Après qu'une citation à comparaître leur fut vainement adressée depuis le parvis de l'église abbatiale, Bruno Vallençon fit valoir, non sans raison, qu'étant dispersés dans toute la vallée, les rongeurs n'avaient pu en prendre connaissance. On en convint, et il fut ordonné de donner lecture de la citation le dimanche suivant dans toutes les paroisses, avec délai de trois semaines. Vaine démarche, à nouveau. Nullement découragé, mon avocat invoque cette fois la longueur des distances à parcourir pour des animaux aussi menus que ses clients, ainsi que les périls de la route, les chats menaçant à tous les détours du chemin. L'argument parut raisonnable, en effet, et un nouveau report accordé... tant et si bien qu'au jour fixé pour l'audience, les accusés, l'hiver s'étant installé sur ces entrefaites, avaient trouvé plus sage de se transporter dans des campagnes plus clémentes.

Je ne tardai pas à être convaincu des talents pour la chicane de mon procureur à l'occasion de la première séance de mon procès (qui se tint finalement à l'officialité de Pau, après que vous eûtes refusé votre salle capitulaire). Après lecture de mon acte d'accusation, il souleva immédiatement un déclinatoire de compétence, réclamant mon transfert devant la juridiction civile du bailli : il est de jurisprudence, soutenait-il, que les infractions les plus anciennes – les rapines d'animaux – emportent compétence de la juridiction, quelle que soit la nature des crimes ultérieurs. Le point était délicat, l'ecclésial embarrassé ; suspension d'audience fut décidée. Mais, à la reprise des débats, Hugues de Manerville avait trouvé la parade : haussant le ton et fronçant le sourcil, il exhuma un procès verbal établissant qu'un de ces attentats avait été perpétré un vendredi – un vendredi ! Consommer de la viande un vendredi, le péché était abominable, le sacrilège établi. Et le procureur de rappeler les condamnations à la peine capitale de ce cochon de sinistre mémoire qui avait consommé des hosties consacrées dans une sacristie, et de cette mule impie qui, confondant abreuvoir et bénitier, avait étanché sa soif dans une église.

Il serait donc entendu que mon procès suivrait son cours devant l'ecclésial ; je n'avais plus rien à attendre de la clémence des hommes, c'était du combat entre puissances divines et démoniaques que relevait désormais ma monstruosité.

Souvent, au cours de ces dernières semaines, je me suis entretenu avec Lahure des raisons de l'acharnement de l'Église à l'endroit de nous autres animaux – nuées calamiteuses de sauterelles, cochons ou ânesses coupables de quelques larcins, et moi maintenant, ours à cinq pattes. Lahure est d'avis qu'en se mettant du côté des paysans éplorés par la ruine de leurs récoltes, des bergers désespérés par les razzias de leurs troupeaux, l'Église manifeste une compassion bien nécessaire, et les rassure en leur donnant le sentiment de prendre les mesures qui s'imposent – des mesures d'autant mieux venues lorsque le phénomène relève de l'inexplicable, comme dans le cas des invasions d'insectes et de rongeurs. Quels meilleurs intercesseurs, dans des cas pareils, que les spécialistes du surnaturel ? Sans doute est-ce là une raison, en effet ; d'autant que la concurrence menace sur ce terrain. Qui n'a eu affaire avec un de ces magiciens ou rebouteux, jamais en manque d'une recette : l'un qui propose une formule sacramentelle pour éloigner les cafards, l'autre qui dispose d'une potion pour préserver les vignes ? Lors de la prolifération des sangsues dans les lacs des Encantats, il s'en est même trouvé un pour recommander qu'une vierge, « en ses lunes » en fasse le tour de nuit et pieds nus... Il s'agirait donc, Lahure et moi en convenons, d'occuper le terrain du surnaturel en ces périodes d'angoisse collective.

J'ajoute, si je peux me permettre, cher Bertrand d'Ossau, en espérant ne pas chagriner l'homme d'église que vous êtes, que ces moments de doute sont aussi l'occasion d'une solide reprise en main des fidèles, si prompts à l'impiété, si enclins aux vices, si ingrats à l'égard de notre sainte mère l'Église. Chacun de ces épisodes voit les prêcheurs remonter en chaire de vérité, accablant leurs ouailles sous les reproches, les invitant à faire pénitence et à s'acquitter de la dîme sans plus attendre. Des processions solennelles sont alors organisées, des jeûnes prolongés décidés, des collectes spontanées mises en place – tout un peuple, convaincu de sa culpabilité dans ces événements, attend dans l'angoisse que l'ordre du monde se restaure, et que Dieu, enfin, se souvienne de sa miséricorde à son endroit. C'est, si je peux me permettre, un jeu de « qui perd gagne ». Car si, d'aventure, les animaux s'éloignent spontanément, l'Église aura triomphé, mais si, au contraire, le mal persiste en dépit de tous ces efforts, c'est qu'on ne se sera pas repenti assez sincèrement, pas acquitté de suffisamment de dîmes... Et l'Église gagne encore.

Il reste que le fond de l'affaire, je m'en apercevrai bientôt, est cette présence obsédante du Malin qui hante les esprits, et que l'Église elle-même entretient, sous prétexte de la combattre. Ces loups qui à l'occasion croquent un mouton, ces charançons qui se reproduisent par millions et se déplacent en nuées, ces brebis qui, certains soirs de solitude, soulagent le berger, ces chats qui, pour toute faute, n'ont que la négritude de leur pelage à faire valoir, et moi maintenant, affublé de ma cinquième patte – tous nous apparaissons comme des hors-la-loi, bannis de la providence, objets d'une terreur sacrée, mis au ban de l'humanité, et donc bientôt privés de communion. Différents, donc dangereux ; étranges, donc coupables ; inquiétants, donc nécessairement mal intentionnés, bientôt suppôts de Satan. – Qu'en pensez-vous, cher Bertrand d'Ossau, vous qui semblez vous défier de ces procès qu'on nous fait ? N'avez-vous pas plutôt l'âme inclinée vers ce taureau, agenouillé devant la statue de la Vierge que vous vénérez en votre oratoire ? N'êtes-vous pas plutôt du côté de saint Hubert et son cerf d'Ardennes, ou de François tendant la main au redoutable loup de Gubbio ? Pourquoi mon humble geôlier qui transcrit fidèlement ces réflexions, et aussi Paco, mon bourreau de demain, comprennent-ils ces choses spontanément, à la différence de leurs pasteurs et seigneurs ? Sans doute parce qu'ils nous connaissent mieux, cohabitant avec nous dans les fermes, partageant, comme les bergers, notre vie à la belle étoile...

Mais l'heure passe, la maigre chandelle qui éclaire ma cellule se consume, et il me faut vous conter la suite de mon procès. Le jour fixé pour l'audience de fond, le lundi 25 janvier, l'ecclésial (vous ai-je donné son nom ? Bernard Hautesoie

– encore un que, je l'espère, le remords tourmentera le restant de ses jours), donna la parole à Hugues de Manerville pour la lecture de ses réquisitions. Le procureur ne s'attarda pas sur les disparitions de bétail et autres dégâts commis dans les étables; n'était la question du vendredi, déjà évoquée, on devinait que ces affaires triviales de mangeaille, du reste ordinairement de la compétence du civil, ne retenaient pas vraiment l'attention de cet homme engagé dans un combat personnel permanent avec le Malin. Il avait bien assez affaire avec les deux autres chefs d'accusation. Il s'employa d'abord à jeter la suspicion à mon égard en évoquant la récente affaire de la pauvre Catherine, convaincue de sorcellerie, et brûlée en place publique – n'avait-elle pas reconnu avoir eu commerce avec la Bête? Or, comme chacun sait, celle-ci excelle à se dissimuler sous différentes apparences – comme, en nos régions, cet animal velu, à la taille d'un homme, exhumant son sexe impudique. Ou, pire encore, qui exhibe, comme le monstre ici présent, un appendice surnaturel, signe le moins douteux de son abomination morale – et le Procureur de me désigner d'un geste ample, moi, l'accusé qu'on avait pris soin, sur ses recommandations expresses, de lier debout à un poteau, pour que rien n'échappe de mon infirmité. Conforté par la forte impression qu'il venait de produire, l'incorruptible dominicain enchaîna aussitôt sur le châtiment que de pareils crimes réclamaient: la mort par pendaison, bien entendu, et par les pattes arrière pour prolonger la leçon donnée au peuple assemblé. Mais, de nouveau, l'essentiel n'était pas dans cette banale mise à mort physique; ce qui lui importait, c'était le rétablissement de l'ordre du monde spirituel. L'affirmation rituelle du triomphe des forces du Bien sur les provocations sacrilèges: seule l'excommunication y pourvoirait. Me serait ainsi solennellement signifiée mon exclusion, présente et éternelle, de la miséricorde divine.

Un silence sacré avait envahi la salle d'audience, et lorsque l'ecclésial céda, d'une voix blanche, la parole à mon avocat je me demandais bien quels mots pourraient lui sortir de la gorge. Rompu à l'exercice, et en grand professionnel qu'il était, Bruno de Valençon s'employa à reprendre calmement, un par un, les griefs formulés à mon endroit, suggérant au passage que leur accumulation même pouvait être le signe de la vacuité de mon dossier. Il ouvrit la marque en faisant usage d'un argument qui lui avait déjà valu certains succès autrefois : brandissant la Bible au chapitre de la *Genèse*, il rappela que les animaux avaient été créés par le Très-Haut le sixième jour, soit un jour avant l'homme. Conclusion juridique irréfutable : les bêtes disposaient d'un droit de se nourrir, un droit prioritaire et ancestral, qu'il serait injuste – sacrilège, même, de leur contester. Ces créatures ont été voulues par Dieu lui-même, qui assure leur survie en leur garantissant le droit de se nourrir – n'était-il pas écrit, au paragraphe 25 : « *Et Dieu vit que cela était bon* » ?

Fort de ce premier avantage, mon avocat enfonçait le clou, en évoquant cette fois le déluge : « *lorsque Dieu décida de noyer la terre entière pour effacer toute l'humanité pécheresse, à l'exception de Noé et de sa famille, ne fit-il par rentrer dans l'arche un couple représentant de chaque espèce animale – oui, tout le règne animal, Monseigneur l'ecclésial, y compris, les ours, comme Martin ici présent* ». Serait-on moins tolérant que Dieu lui-même ?

Le terrain déblayé sur le plan biblique, mon avocat revenait maintenant à des considérations plus juridiques. Comment pouvait-on accuser son client de rapine et de meurtre, alors que, saint Thomas en convenait lui-même dans sa *Somme théologique*, pour commettre un délit il faut être capable de raison, et agir librement ? Or « les animaux ne se règlent que par l'instinct, de sorte qu'ils ne peuvent subir d'autres jougs que celui de la loi naturelle », comme l'avait soutenu avec succès, le célèbre procureur Rambaud dans une affaire similaire.

C'était là sans doute de fortes raisons, mais, chacun le sentait bien, l'accusation principale de diablerie n'était pas atteinte pour autant ; on en restait encore au plan ordinaire des « menus larcins » civils, si j'ose dire, terrain familier à mon défendeur. Lorsqu'il aborda la question de la bestialité et celle de ma prétendue monstruosité, on le sentit moins à l'aise, comme impressionné lui aussi par la gravité de l'enjeu. Il tenta bien de ruser avec l'accusation en soutenant qu'aucune pièce du dossier n'établissait la véracité, même la simple vraisemblance, de ma rencontre avec la veuve Catherine – soulignant au passage la crainte qu'aurait dû susciter la survenance d'un ours à cinq pattes – remarque qui, je dois bien le reconnaître, me chagrina sur le moment. Avançant encore d'un pas, mon avocat insinua que, certes Catherine avait avoué ce commerce coupable, mais que son témoignage était sujet à caution, dès lors qu'il avait été obtenu sous la torture – « arraché » osa-t-il suggérer. Le point était décisif, mais décidément trop risqué, déjà Hugues de Manerville s'était dressé, blême de colère : « *Oseriez-vous mettre en doute l'autorité d'une décision rendue par la très sainte Église ?* » – et l'ecclésial de remettre sèchement mon avocat à sa place : « *Maître, s'il vous plaît, tenez-vous en au fait !* ».

Le problème c'était que, au chapitre de ma monstruosité, de « fait » il n'y en avait pas – seulement un immense malentendu, une peur ancestrale et une montagne de préjugés. Comment leur dire que cet appendice inopportun était seulement le résultat d'un hasard naturel, pas plus étrange, après tout, que cette bosse dont Jésus avait délivré un malheureux croisé sur sa route ? Faute de trouver les mots qu'il aurait fallu pour ouvrir les cœurs, à défaut des esprits, mon avocat se contenta de conclure rapidement en contestant l'application de l'excommunication à mon cas. Les pères de l'Église étaient formels, soutenait-il, cette sanction majeure ne s'applique logiquement qu'à des êtres préalablement entrés dans la sainte Église par la communion, ce qui de toute évidence n'était pas le cas de son client. Excommunier un ours ne serait-ce pas dès lors aussi sacrilège que prétendre baptiser une pierre ou un chien ?

À nouveau, Valençon venait de marquer un point, mais si j'ose dire, la messe était dite : ces victoires étaient marginales, et la conviction du tribunal déjà faite. Aussi bien, après une suspension de quelques minutes pour respecter l'apparence d'un délibéré, l'ecclésial donna lecture de sa sentence. Ce serait donc la mise à mort par pendaison, précédée de la peine du fouet, et de l'excommunication pour « crimes abominables et exécrables ». La peine serait exécutée le mercredi 11 avril, semaine précédant la très sainte fête de Pâques, précisait encore le jugement. Personne, pas même mon avocat, ne daigna m'accorder un regard. Je disparaissais de l'ordre de la création, et bientôt les pièces de mon dossier seraient brûlées, de même que, demain, les gants du bourreau, pour qu'aucune trace ne subsiste de la souillure que je représentais.

C'est moi Lahure qui écrit maintenant. Il est trois heures du matin, et Martin, rompu de fatigue, s'est endormi. Je n'ai pas le cœur de le réveiller. Je me propose donc, mon révérend, de vous remettre ce pli lors de mon prochain passage à Sarrance.

Martin s'est finalement réveillé, et il tient à ajouter quelque chose – je reprends l'écriture sous sa dictée.

Oui, je me suis assoupi. Je rêvais dans mon sommeil à l'âne et au bœuf de la crèche, aux moutons des environs, aux chameaux des rois mages – plus nombreux auprès du Créateur que les hommes, à part quelques bergers, un charpentier, une très jeune femme et quelques illuminés venus d'Orient. Je me prenais à rêver d'un Dieu pour les animaux, d'une Église, dont nous les bêtes serions les ministres. Comprenez-vous cela, Bertrand d'Ossau ? Aurez-vous le cœur assez large, comme François ou Hubert, pour ne pas brûler instantanément, ce papier ? Aurez-vous le courage d'en porter témoignage pour dénoncer ces procès iniques qui nous sont faits ?

Dans ma somnolence, je rêvais d'un règne des simples où il n'y aurait ni sorcière, ni bûcher, ni « crime dont on ne peut dire le nom » – seulement des créatures de Dieu qui vont leur chemin, et parfois des gestes d'humanité – dois-je dire de « bestialité » ? – comme celui de Paco qui m'estourbira pour abréger mes souffrances.

Demain, lorsqu'on m'exhibera sur le parvis de l'église de la Sainte Famille, je ne me livrerai pas à un geste spectaculaire dont l'histoire garderait le souvenir. J'avoue y avoir pensé un moment – j'imagine la tête de l'ecclésial si je proclamais soudain « et pourtant je suis innocent ! », ou « gloire à Dieu, qu'il me pardonne ! », ou quelque chose de ce genre. Non, je m'en tiendrai à l'attitude digne et silencieuse qui ne m'a jamais quittée, et jetant les yeux une dernière fois vers le midi, je rêverai aux rayons du soleil levant sur les cimes de Gavarnie, dans la rosée du matin et le premier bourdonnement des abeilles.

Si nous débattions...

- Que nous révèlent ces procès d'animaux que l'Occident a instruits des siècles durant ? Quels rapports présentent-ils avec les procès de sorcières et d'hérétiques ?
- Pourquoi la difformité de Martin le condamne-t-il ?
- Quels sont les rapports hommes-animaux ?
- Quelle est la condition juridique contemporaine des animaux ?
- Les animaux pourraient-ils être sujets de droits, jouir de droits et encourir des responsabilités ?

Bibliographie sommaire

- J. Real, *Bêtes et juges*, Paris, Buchet-Chastel, 2006.
- J. Vartier, *Les Procès d'animaux*, Paris, Hachette, 1970.
- J.-P. Marguenaud, Fl. Burgat, J. Leroy, *Le Droit animalier*, PUF, 2016.
- P. Singer, *La Libération animale* (1975), Paris, Payot, coll. « Petite Bibliothèque Payot », 2012.
- C. Pelluchon, *Éléments pour une éthique de la vulnérabilité : les hommes, les animaux, la nature*, Paris, Le Cerf, coll. « Humanités », 2011.
- C. Pelluchon, *Manifeste animaliste : politiser la cause animale*, Alma éditeur, 2017.
- *Le Roman de Renart*, texte établi et traduit par J. Dufournet et A. Méline, Paris, Flammarion, 1985.
- Vercors, *Les Animaux dénaturés*, Paris, Albin Michel, 2013.

Solange B., infanticide ?

Car tu es poussière et tu retourneras en poussière...

« Tuer son propre clone, de surcroît équipé d'une intelligence artificielle, est-ce un meurtre, un infanticide même, ou la destruction d'une entité non humaine ? Douze hommes et femmes en débattent », telle était, ce matin, la manchette du grand quotidien de la capitale. On annonçait des débats longs et difficiles. Depuis des mois, les réseaux sociaux s'étaient mobilisés, des campagnes de presse avaient été orchestrées, des pétitions avaient circulé, recueillant des centaines de milliers de signatures : « Touche pas à ma chimère », ou « Cyborg, mon frère », et, dans le camp opposé : « Je ne suis pas une machine », ou encore « Stop aux docteurs Frankenstein ». Les plus hautes autorités morales du pays, l'Académie des sciences, les fédérations patronales et syndicales – le Dalaï-Lama lui-même, étaient intervenues dans le débat ; l'avis des meilleurs experts scientifiques avait été sollicité. À en croire l'opinion, ce n'était rien moins que le sens de la notion d'humanité qui se jouait dans cette affaire.

Un bref retour en arrière s'impose pour éclairer le lecteur sur les tenants et aboutissants de cette étrange affaire.

L'accusée, Solange B., 34 ans, célibataire, est une brillante ingénieure, spécialisée en bio-électronique. Elle a développé sa fulgurante carrière au sein du célèbre laboratoire du futur, le FUMIST, *Futur of Mankind Institute.* Implanté en plein désert d'Arabie, ce Centre bénéficie de financements illimités de la part de toutes sortes de personnages : magnats du pétrole en quête de reconversion, télévangélistes américains soucieux de produire le paradis sur terre, et milliardaires russes préoccupés de blanchiment moral. Parmi ces derniers, on relèvera la figure originale de Dmitri Itskov, 36 ans, ayant fait fortune dans la manipulation des réseaux sociaux. Il eut son heure de gloire lorsque, à la tête d'une expédition de recherche océanique, il prétendit établir son quartier général sur la fameuse île de déchets plastiques flottant au beau milieu du Pacifique Nord (le « 7e continent »), y arrimant des installations flottantes et déclarant ce territoire « terre ouverte aux habitants du futur ». Il fit même dessiner un drapeau et composer un hymne national pour cet improbable territoire, pompeusement qualifié de « nouvelle frontière » (- « utopie plastique », diront ses détracteurs).

Au bénéfice de ces généreux financements le FUMIST se livre à d'ambitieuses recherches et multiplie les succès dans des domaines aussi divers que le clonage d'animaux et d'humains, la cryogénie, l'intelligence artificielle, la simulation et le téléchargement de l'esprit, la mise au point et la commercialisation de robots et de *cyborgs* (*cybernetic organisms* : combinaison de vivant et de numérique). Solange s'était en particulier illustrée dans le programme PIR, *Post Intelligence Research,* dont l'objectif était de produire à brève échéance, un horizon de cinq ans, un cerveau humain artificiel à partir de neurones électroniques.

Il y a quatre ans, Solange s'était portée volontaire pour une expérience pilote de clonage de son propre corps menée par une autre division de son laboratoire, le programme WOUF *(Way of Our Future)*. Son excellente santé et sa ferme détermination en faisaient une candidate idéale. On procéda donc aux manipulations nécessaires à l'auto-reproduction de ses cellules, et on confia l'embryon à un utérus artificiel du laboratoire. Hélas, au huitième mois de la gestation, une panne électrique de quelques minutes entraîna la détérioration irrémédiable du cerveau du fœtus : l'enfant qui allait naître bientôt, verrait son cerveau définitivement réduit aux seules fonctions végétatives. On s'apprêtait déjà à mettre fin à l'expérience et interrompre cette grossesse artificielle, lorsque, tel un *deus ex machina*, intervint RomeoX.

Celui-ci n'était autre qu'un robot androïde dont la conception (intellectuelle s'entend) revenait à Solange, qui en avait la responsabilité au sein du laboratoire et en suivait quotidiennement les progrès. Doté d'une peau en silicone et d'une perruque, capable de mouvements fins et se déplaçant avec aisance, RomeoX avait réellement l'apparence d'un homme vigoureux et séduisant d'une trentaine d'années. Lorsqu'on aura précisé qu'il était capable de reconnaître les expressions de ses interlocuteurs, d'exprimer ses propres sentiments, et de tenir des conversations en trois langues (sa voix parfois accompagnée de « euh » et de « hmmm », pour la rendre tout à fait crédible), on aura compris que cet avatar était, pour Solange, le plus charmant des collègues. Du reste, au cours des mois, leur relation professionnelle avait pris une autre tournure, qu'il faut bien appeler amoureuse. Aussi RomeoX, lorsqu'il eut perçu le désarroi de Solange, lui fit la généreuse proposition de transplanter son propre cerveau-programme sur celui du malheureux fœtus végétatif – à moins que la suggestion ne vint de Solange, les minutes du procès ne permettent pas de trancher cette question. Toujours est-il que l'opération fut menée avec succès, l'être cloné de Solange bénéficiant maintenant du programme numérique tenant lieu de cerveau à RomeoX. C'était en quelque sorte le produit d'un coït d'un nouveau genre (un *cyborgasm*, avait écrit un journaliste) et une grande manifestation d'amour électronique.

Pour ne pas égarer le lecteur, dont l'imagination est sans doute déjà passablement sollicitée, on lui épargnera provisoirement la question de savoir d'où venait le cerveau-programme de RomeoX, maintenant téléchargé sur le clone de Solange. On verra cependant que cette délicate question ne manquera pas de faire bientôt retour.

Toujours est-il que, quelques semaines plus tard, l'utérus artificiel donna naissance à une charmante petite fille de plus de trois kilos, – « le portrait tout craché de sa mère », affirmèrent les collègues de Solange, réunis à l'occasion de la petite fête à ce qui tenait lieu de « maternité ». L'enfant fut appelée DominiX – la proposition venait de RomeoX, le X final étant comme sa signature, le signe de l'énigme de sa conception, déclara-t-il même ; et puis Dominique présentait l'avantage évident d'être un prénom épicène – sait-on jamais... Solange avait proposé *Chimène*, en raison de la douce proximité avec *chimère*, mais le point de vue de RomeoX avait prévalu.

Le jour même de la naissance, le ministre saoudien de l'intérieur avait déclaré que son pays accordait généreusement la nationalité saoudienne à l'enfant. Que cette décision constituât une entorse à la législation en vigueur dans le pays relativement à l'octroi de la nationalité ne semblait pas faire problème, dès lors que l'Arabie confirmait ainsi sa position de pointe dans le domaine de la bioingénierie, de la robotique et de l'intelligence artificielle. Et seuls des esprits chagrins s'élevèrent-ils contre cette politique accordant plus de droits à DominiX et aux androïdes qu'à n'importe quelle autre femme, saoudienne ou étrangère – la dispense du port du voile ainsi que de l'assistance d'un tuteur notamment.

Les premiers mois se passèrent sans histoire, sinon que les relations entre Solange et RomeoX ne tardèrent pas à se dégrader rapidement. Comme si, pris à son propre jeu, l'androïde était devenu humain, trop humain : rechignant à assumer sa part des services du ménage, passant le plus clair de ses soirées à suivre les matchs de football à la télévision, il était devenu soupçonneux et jaloux – machiste en somme. Le soir où il frappa Solange pour un retard non annoncé, la séparation fut consommée. RomeoX fut affecté à un autre programme, sous la direction d'un collègue masculin cette fois.

Ces différents événements affectèrent Solange plus qu'elle n'aurait voulu l'admettre ; menacée de *burn out*, elle devenait moins performante dans son travail. Aussi, avant que sa direction ne la licencie, Solange présenta sa démission et rentra en Europe avec DominiX.

L'inscription de l'enfant sur les registres communaux ainsi que l'établissement de sa filiation suscitèrent les problèmes qu'on devine : DominiX était-elle la fille, la sœur cadette ou la jumelle différée de Solange ? Et que dire de l'identité de son père, ou du moins de l'être (l'entité ?) du cerveau duquel elle avait hérité ? Peu désireux de se perdre dans des problèmes aux relents métaphysiques, les fonctionnaires de l'état civil optèrent sobrement pour la mention : « fille de Solange B. et de père inconnu ».

Entre-temps, DominiX grandissait en âge, mais apparemment pas en sagesse. À vrai dire, dès qu'elle fut en capacité de parler, son comportement devint étrange, préoccupant même. L'enfant semblait tenir des raisonnements d'adulte, de surcroît sans rapport avec sa condition de petite fille. Consultés, des psychologues diagnostiquèrent d'importantes « dissonances cognitives » chez une enfant de sexe féminin, manifestant une psychologie d'adulte masculin. De semaine en semaine, DominiX devenait de plus en plus insupportable, exigeant de rencontrer son père, menaçant de se suicider, et mobilisant des connaissances totalement incongrues pour un enfant de son âge. Solange réalisa vite que DominiX avait instantanément accès, en raison de ses connexions neuronales, à l'ensemble du réseau internet (en l'absence de filtre parental, dieu sait ce qu'elle avait pu voir…) ; elle soupçonna même des *biohackers*, ou des laboratoires concurrents, d'avoir pris le contrôle du cerveau de son enfant – qui semblait en effet comme *possédée* par une puissance supérieure. À défaut de pouvoir faire appel à des exorcistes électroniques, Solange perdait pied. Jusqu'au jour où elle commit l'irréparable, noyant l'enfant dans le canal et court-circuitant ainsi les prothèses neuronales dont elle était équipée.

Dès le lendemain, elle se présenta à la police, ne cachant aucune circonstance de l'affaire. Comme on s'en doute, la nouvelle fit instantanément le *buzz* sur les réseaux sociaux. Parmi les innombrables réactions qui suivirent le drame, une des plus étonnantes fut celle d'un certain RomeoX qui prétendait être l'original du cerveau téléchargé de la malheureuse victime. Il s'apprêtait, annonçait-il, à consulter un cabinet international d'avocats spécialisés dans le domaine de la propriété intellectuelle : n'avait-on pas, sans son consentement, disposé de la copie des informations, algorithmes et systèmes d'exploitation constituant son propre réseau neuronal ? Seul lui-même, soutenait-il, disposait du droit de modifier, mettre à jour ou *déleter* ses copies.

Interrogée et gardée à vue 48h, Solange fut inculpée de meurtre sur la personne de DominiX ; les juridictions d'instruction la renvoyèrent devant la Cour d'Assises du ressort, et ainsi s'ouvrit le procès qu'on a dit. La constitution de partie civile de RomeoX avait finalement été rejetée, au motif de filiation incertaine. Certains chroniqueurs judiciaires le regrettèrent, qui s'apprêtaient déjà à gloser sur la situation inédite d'une partie requérant justice de sa propre mort, tel le spectre de Hamlet-père hantant le château d'Elseneur.

Après le traditionnel défilé des témoins de moralité et des experts scientifiques mobilisés par les deux parties, le représentant du ministère public, une magistrate estimée, avait mené l'accusation avec dignité et mesure. Il s'agissait bien d'un meurtre, soutenait-elle, d'un infanticide plus précisément, perpétré sur la personne de DominiX B., enregistrée à l'état civil comme fille de Solange B. et de père inconnu. Constatant que la matérialité des faits était établie (Solange était en aveux) et que l'intention homicide était avérée, elle réclamait l'application des peines prévues par le Code pénal, essentiellement pour l'exemple – « le droit à la vie est le même pour tous, et il n'existe pas d'exemption pour expérience scientifique », avait-elle sobrement conclu.

De son côté, l'avocat de Solange, un jeune ténor du barreau plein de fougue, réclamait l'acquittement pur et simple de sa cliente. Après avoir semé le doute sur la qualification d'infanticide (DominiX n'était-elle pas la jumelle monozygote à naissance différée de Solange ?), l'avocat avait habilement brouillé les pistes du biologique et du numérique, tant et si bien qu'à la fin de sa démonstration, c'était la qualification d'homicide elle-même qui en devenait problématique – douteuse, en d'autres termes, assez pour entraîner l'acquittement de sa cliente. À toutes fins utiles et pour autant que de besoin, il plaida encore, « à titre tout-à-fait subsidiaire », insistait-il, que si le jury venait à reconnaître la culpabilité de Solange, *quod non*, du moins faudrait-il alors lui accorder les circonstances atténuantes. Il ne lui fut pas difficile en effet d'évoquer l'état de détresse de la jeune scientifique, confrontée au triple choc émotionnel d'un clonage raté, de la séparation avec son compagnon, et du comportement terrifiant de l'avatar. Se sentant incapable d'assurer ses responsabilités éducatives à l'égard de l'« avatar » – qui eût été en mesure de le faire ? – elle avait préféré mettre un terme à l'« expérience ». Elle avait, en somme, fait preuve d'humanité en « abrégeant les souffrances », présentes et à venir, d'un être aussi improbable. Un verdict de culpabilité, suivi d'un long emprisonnement, ne présenterait aucune utilité, ni pour elle, ni pour la société – les campagnes médiatiques haineuses déchaînées contre elle depuis des mois ne représentaient-elles pas une sanction suffisante ?

Finalement, le président donna la parole à Solange, qui exprima, d'une voix inaudible, des regrets confus, de sorte qu'on ne comprit pas si ses regrets concernaient son geste, ou l'histoire en son entier.

Et voilà maintenant que douze hommes et femmes, désignés par le hasard pour former le jury populaire, entraient dans la salle des délibérations pour décider du sort de Solange B., et accessoirement du sens de la notion d'humanité. C'est donc avec une certaine gravité que chacun prit place autour de la table. Albert, le plus âgé, désigné en cette qualité président du jury, prend la parole en premier lieu :

— Mes amis – puis-je vous appeler ainsi ? – il est très exactement 11 h 05 au moment où nous entamons nos délibérations ; nous ne sortirons de cette salle qu'au moment où nous aurons répondu, par oui ou par non, à la question de savoir si Solange B. est coupable de meurtre, voire d'assassinat, sur la personne de DominiX, clonée à partir de son propre corps. Je vous rappelle les termes de notre serment : « n'écouter ni la crainte, ni l'affection, nous décider d'après les preuves et les moyens de défense ». Je compte sur la collaboration de chacun, avait-il ajouté, avec une certaine solennité.

Albert avait ensuite proposé un tour de table, pour que chacun puisse faire connaissance ; se tournant vers sa gauche :

— Madame ?

— Moi, c'est Irène, je jure de dire la vérité, rien que la vérité, toute la vérité. *Rires.*

— Et bien bravo, chère Madame, s'esclaffa André, vous au moins vous n'êtes pas encombrée de doutes !

— Albert : allons, Madame, on ne vous en demande pas tant, seulement d'exprimer votre intime conviction.

— Irène, *confuse* : cette Solange est si gentille, vous avez vu comme elle avait l'air malheureuse ? Je peux dire que c'est mon intime conviction ?

— Jérôme, *doctement* : l'intime conviction, c'est une certitude profonde et personnelle qui n'a pas besoin de s'appuyer sur des preuves.

— Je ne suis pas d'accord, objecta Monsieur Homais, nous avons juré de « décider d'après les preuves et les moyens de défense » ; nous sommes un jury d'assises et pas un café du commerce, on nous demande de faire preuve de raison et pas de sensiblerie.

On épargnera au lecteur le débat confus qui s'ensuivit. Pour finir, Albert, soucieux de ne pas perdre plus de temps, présenta lui-même en quelques mots les membres du jury. Nous connaissons déjà Irène, 58 ans, sans profession ; André 52 ans, consultant, qui se signalera dans la suite par ses remarques désabusées et cyniques ; Jérôme, 42 ans, courtier d'assurances, toujours prompt à faire étalage de ses connaissances juridiques (à vrai dire des bribes de connaissances acquises au cours d'études de droit jamais terminées) ; et puis ce juré dont on ne connaîtra pas le prénom, souhaitant qu'on l'appelle par son patronyme : Monsieur Homais – âgé de 54 ans, pharmacien de son état ; ce juré se piquait de connaissances scientifiques approfondies et affichait un rationalisme hautain. Poursuivant son tour de table, Albert présenta encore, dans l'ordre :

— Philippe, 62 ans, pré-retraité ; ayant travaillé toute sa vie dans le secteur chimique, Philippe était un doux rêveur convaincu que l'avenir s'annonce radieux sous l'égide de l'harmonie produite par la rencontre des sciences et des droits de l'homme. Il est membre donateur du mouvement *FAIL* (*Friendly Artificial intelligence League*).

— Cécilia, 28 ans, historienne, d'origine napolitaine, de conviction catholique ; sa grande érudition allait plus d'une fois éclairer les délibérations du jury.

— Satyne, « avec "y" tint-elle à préciser », 38 ans ; Satyne, coiffeuse de profession, possède une culture encyclopédique en matière de cinéma et de séries télévisées de science-fiction ; elle n'allait pas manquer d'en faire étalage au cours des heures qui suivirent.

— Jonas, 32 ans, militant écologiste, très engagé politiquement.

— Marcel, 43 ans, artiste au chômage (« un pléonasme », fit-il observer dans un grand éclat de rire) ; son humanité et son humour se révéleront bien utiles dans la suite.

— Aline, 46 ans, exerçant la profession de facteur (« une femme de lettres », fit remarquer Marcel, en lui assénant une grande tape dans le dos). Son profond bon sens et ses solides convictions ne tarderont pas à se manifester.

Le tour de table se termina par Maurice, personnage effacé et pour tout dire mystérieux, qui semblait encore se demander ce qu'il faisait au milieu de cette compagnie ; on apprit seulement que, âgé de 49 ans, il était sans profession. Il ne s'éloignait jamais d'une prise électrique et semblait ne dialoguer qu'avec son ordinateur.

Enfin Albert se présenta lui-même : journaliste indépendant, pré-retraité lui aussi. Dépourvu de convictions personnelles très assurées, Albert n'avait, à vrai dire, aucune idée de la tournure que prendraient les débats ; mais, prenant très à cœur la mission civique qui lui avait été confiée, il était bien décidé à conduire les discussions de la manière la plus impartiale possible.

On précisera encore, pour la complète information du lecteur, que lors de l'audience préliminaire, l'avocat de Solange avait récusé, comme il en avait le droit, un commerçant d'origine marocaine dont les préventions créationnistes à l'égard de sa cliente étaient par trop évidentes (son *t-shirt* arborait une figure simiesque accompagnée de l'inscription *I hate Darwin*). De son côté, le ministère public avait récusé un militaire transsexuel, devenu femme suite à une opération récente.

— Bon, reprit Albert en s'éclaircissant la voix. Maintenant que nous avons fait connaissance, au travail ! La destruction de DominiX, nous demande-t-on, est-ce le meurtre d'une personne ou la mise à la casse d'une machine ? Je devine que cette question nous divisera et qu'elle est lourde d'enjeux moraux et philosophiques. Aussi je propose que nous vidions d'abord ces questions, que chacun donne son point de vue sur ces enjeux éthiques, pour qu'ensuite, le terrain déblayé, nous puissions répondre aux questions juridiques qui nous sont posées. Nous sommes d'accord ?

— Homais, *l'interrompant* : écoutez, j'ai entendu tellement de sottises durant ce procès, tant de préjugés technophobes ridicules que je voudrais d'emblée faire une mise au point. Ce procès qui nous rassemble n'est qu'une péripétie, pénible sans doute, mais pas plus qu'un fait divers ; ce qu'il faut voir plutôt c'est la grandiose surnature que nous inventons et à laquelle nous allons participer. Une nature supérieure, bien plus enviable que la nature naturelle, polluée, déréglée, appauvrie ; nous cessons d'imiter la nature, nous en créons une nouvelle de toutes pièces, voilà ce qui est en jeu sous nos yeux. On n'arrêtera pas ce mouvement, il faut bien s'en persuader. Le rythme des progrès s'accélère tous les jours ; nos machines gagnent en puissance et se miniaturisent. Hier, nous transportions nos ordinateurs *avec nous*, aujourd'hui nous portons *en nous* puces et logiciels, à l'intérieur de notre cerveau et de notre système sanguin. Et cette intelligence artificielle 3.0 devient auto-apprenante, elle est capable de se dupliquer en programmant des versions toujours plus performantes d'elle-même ; la capacité de calcul des ordinateurs double tous les deux ans, selon une progression exponentielle ; vers 2045 nous aurons atteint le point de basculement de la *Singularité technologique* (il prononçait ces mots avec une sorte de révérence sacrée dans la voix) : alors les ordinateurs nous auront dépassés et maîtriseront toute la chaîne de la recherche et de la production de leurs programmes. Alors la différence entre monde virtuel et monde physique se sera estompée, il n'y aura plus de distinctions entre l'homme augmenté et la machine, – nous pourrons nous déployer hors des limites terrestres. Après avoir subi la mort et l'entropie pendant des millions d'années, nous pourrons enfin participer de l'univers comme d'un immense système de traitement de données.

— Marcel, *à mi-voix* : retenez-le, il va léviter. *Plus fort* : dites, Homais, restez avec nous, car sinon il faudra recommencer toute la procédure, et il y a Brésil-Allemagne demain à la télévision.

— Homais, *imperturbable* : dans ces conditions, augmenter notre potentiel computationnel sera notre devoir, ou du moins notre raison d'être. Qui voudra rester prisonnier de son corps biologique, version 1.0, des carcasses fragiles, sujettes à d'innombrables dysfonctionnements, exigeant des coûts de maintenance exorbitants, et bientôt obsolètes ? Le cybernéticien Kevin Warwick a écrit : « ceux qui refuseront de s'améliorer auront un sérieux handicap. Ils formeront une sous-espèce et seront les chimpanzés du futur ». *Puis, soudain exalté* : dégagés de leur enveloppe charnelle, nos esprits échapperont à la dégénérescence et seront promis à la pérennité ; par ailleurs, connectés à internet, ils accéderont à un potentiel virtuellement infini de connaissances.

Et moi je vous le dis : si je ne vis pas assez vieux pour bénéficier de ces techniques, je me ferai cryoniser le temps qu'elles soient disponibles à un coût raisonnable ; toutes mes dispositions sont prises.

— Marcel, *moqueur* : cela jette un froid, si j'ose dire.

— Jérôme, sentencieux : *audi et altera pars* !

— Marcel : pardon ? Je réclame un traducteur.

— Jérôme : cela signifie « la parole est à la défense » ; nous sommes au tribunal ici – après le plaidoyer de Monsieur Homais, nous devons entendre le point de vue opposé.

— Jonas, *vivement* : Ne vous en faites pas, je m'en charge. Ce qui me préoccupe ce n'est pas que des discours pareils puissent être tenus ; c'est qu'il se trouve des investisseurs très puissants, privés et militaires, pour encourager et soutenir à coûts de milliards de dollars des programmes aussi délirants. Comme ces gens ne sont pas fous, c'est que ces recherches cachent autre chose, qui tient au profit et au pouvoir. Les entreprises qui développent ces programmes de cartographie du cerveau, parfois avec le soutien occulte des gouvernements, collectent et traitent ces informations qui nous concernent, elles le font d'abord dans le but de nous réduire à un amas de données monnayables, et ensuite pour élargir toujours le contrôle social. Nos habitudes de consommateurs, de zappeurs, de lecteurs sont entre leurs mains, tous les détails de notre vie ; nous nous réduisons à une somme de données, qu'ils croisent avec d'autres et retraitent sous forme d'injonctions douces, pour faire de nous des machines à cliquer. Et tout cela vendu sous la promesse du paradis, de la vie augmentée, de la mort reculée.

Admettons un instant que ces promesses deviennent techniquement possibles, disons en 2045 comme vous disiez – qui concerneraient-elles ? Quelques milliers d'individus hyperriches – ceux qui aujourd'hui détiennent ensemble plus de richesses que la moitié la plus pauvre de l'humanité. La quasi-totalité des autres, les *loosers*, continueraient à mener leur existence simplement humaine, sous l'influence de pensées, d'émotions et de désirs imposés par le *marketing* cognitif.

— Homais : eh bien, moi je vous dis : la plus grande inégalité est celle qui sépare les vivants et les morts ; la science lutte pour garantir l'immortalité à tous.

— Jonas : c'est ça, toujours la même rhétorique humaniste : aider son prochain, secouer le vieux monde, sauver la planète, et tout le tralala, mais la *Silicon Valley* se garde bien de révéler ses liens avec la finance et l'armée. Le technocapitalisme se présente aujourd'hui comme le rédempteur suprême, il va nous sauver de la pollution, de la maladie, de la mort même : *délivre-nous du mal* ! La technologie et les héros de la *Silicon Valley* ont désormais réponse à tout ; pour eux, les questions les plus existentielles ont forcément une solution – une solution qui passe par des lignes de code et des algorithmes. DominiX est le produit tragique de ces fantasmes.

— Homais : personne ne vous oblige de suivre le mouvement !

— Jonas : voilà encore une illusion ; dans la vie réelle, les gens sont déjà soumis en permanence à des impératifs de performance, la cible de toutes sortes d'injonctions qui ne disent pas leur nom. L'économie qui nous dirige est devenue financière, et ce sont des robots *traders* qui donnent les ordres en bourse. Et les règles juridiques, toujours en retard d'une guerre, sont le plus souvent contournées : certains pays interdisent encore le clonage humain, mais vous savez comment se développe le « tourisme augmentatif » ; ce n'est pas un hasard si DominiX est née en Arabie saoudite.

— Marcel : si je peux me permettre une remarque terre à terre, je fais quand même observer que ces machines superintelligentes sont composées pour l'essentiel de silicium, et que les réserves de silicium ne sont pas infinies.

— Homais : eh bien, nous irons le chercher sur Mars, ou ailleurs, ou alors nous aurons des techniques de substitution, comme le calcul quantique par exemple. À l'encontre de toutes les pleureuses et les Cassandre, la raison a toujours trouvé à temps les moyens de poursuivre son chemin.

— Albert : ceci nous éloigne de nos affaires. Cécilia, on ne vous a pas encore entendu.

— Cécilia : tout cela me dépasse un peu, je l'avoue. Je ne sais si c'est ma formation d'historienne qui m'influence, mais je ne peux m'empêcher de trouver un air de déjà-vu à toutes ces théories. Comme un grand recyclage d'idées aussi vieilles que le monde : la réincarnation, la délivrance du corps, l'éternel retour. La légende de *Gilgamesh*, dans l'ancienne Mésopotamie, entretient déjà ces fantasmes, Vulcain fabriquait des automates, raconte la mythologie, et les alchimistes du Moyen Âge tentaient de créer des *homonculus.* Dans le monde chrétien, l'hérésie gnostique anticipe parfaitement le discours transhumaniste ; selon les gnostiques, le monde matériel, y compris nos corps de chair, n'a pas été créé par Dieu, mais par une puissance maléfique, le démiurge. Nous serions donc piégés dans la corruption de nos corps, et seule une poignée d'élus, les gnostiques eux-mêmes, échapperont à la damnation en accédant aux plus hautes sphères de la connaissance. Pour moi, la numérisation de l'esprit réactualise ces vieux fantasmes ; on les retrouve aussi dans le discours eschatologique, annonçant la fin des temps, et, pour certains, le triomphe sur la mort, l'entrée dans la « nouvelle Jérusalem » – ceux-là seront béatifiés, réincarnés dans des corps flambant neufs...

— André, *l'interrompant* : en somme, des centres comme le FUMIST jouent à un dieu salvateur qui, après avoir délaissé pendant longtemps ses obligations à l'égard de ses créatures, ferait maintenant son grand retour sous la forme d'un logiciel, un nouvel alpha et oméga composé de zéros et de uns.

— Cécilia : ce que je veux dire, c'est que ces fantasmes technologiques détournent l'enseignement poétique des Écritures. Prenant en charge de légitimes désirs, des peurs ancestrales, le transhumanisme est une parodie grotesque de la foi ; c'est le même rêve de rédemption, mais offert tout de suite, ici sur terre, et sans effort !

— André : Amen ! Allez, c'est toujours la même antienne : frustrés, les hommes ont d'abord créé des dieux à leur image et s'y sont soumis, et maintenant ils créent des machines à leur ressemblance et ils s'y soumettent : des idoles automates...

— Marcel : *automate ?* Moi, en attendant, c'est les spaghettis *aux tomates* que j'aime. Dites, à propos, il est déjà 12 h 30, quand est-ce qu'on mange ?

— Homais, *sévère :* je constate que nous sommes de nouveau plongés dans les ténèbres obscurantistes. Ne comprenez-vous pas la merveille que représentait le cerveau de DominiX ? Ses capacités cognitives étaient infiniment supérieures à celles de sa mère par exemple. Même si l'activité de notre cerveau repose sur des milliards de connexions neuronales, sa capacité à traiter les informations est extrêmement lente en comparaison des processeurs actuels. Nos neurones opèrent à une fréquence de 200 hertz, alors que les transistors fonctionnent à l'échelle du gigahertz ; les informations circulent dans notre système nerveux central à la vitesse d'environ 100 m par seconde, alors que les signaux informatiques peuvent aller à la vitesse de la lumière ; et la taille du cerveau humain ne peut excéder celle du crâne, alors qu'il est techniquement possible de construire des processeurs aussi gigantesques que des gratte-ciel.

La chance historique qui nous est offerte aujourd'hui est de transférer nos processus cognitifs dans un substrat plus approprié et, de surcroît, interconnecté ; nos esprits n'auront alors plus aucune limite. L'opération se fera bientôt aussi facilement que le transfert d'un fichier informatique d'un site internet à notre PC. Notre mémoire biographique, nos habitudes de pensée, nos désirs, tout cela se ramènera à un code téléchargé sur une plate-forme informatique indépendante, compilable et utilisable sur d'autres plateformes.

Il poursuit, intarissable : L'esprit humain, si on veut bien se libérer d'une brumeuse métaphysique, peut se décrire comme un logiciel, un stock d'informations accompagné d'un processeur opérationnel, son système d'exploitation. Ainsi compris, le cerveau n'est rien d'autre qu'un outil de stockage et de traitement des données, une série de lignes de code fonctionnant grâce au processeur du système nerveux central. Ce qui a été réalisé – et réussi, notez-le bien, dans le cas de DominiX –, c'est le téléchargement du cerveau de RomeoX sur le sien propre qui, je vous le rappelle, était réduit aux fonctions végétatives. Ceci démontre que nous sommes aujourd'hui en mesure de numériser l'esprit humain et bientôt de le télécharger sur absolument n'importe quel support, une machine humanoïde ou n'importe quelle autre enveloppe. Ainsi vivra-t-on bientôt en-dehors du corps humain ; la conscience se développera libérée de toute attache, dans la plus grande liberté morphologique – il y aura mille façons différentes d'être au monde. Nous deviendrons de pures consciences qui, dégagées de leur gangue biologique, continueront à vivre une expérience toute spirituelle sur les réseaux.

— Aline, *explosant* : écoutez, on croit rêver, vraiment ! Moi je suis factrice, et quand je fais ma tournée, je pense avec mes pieds ; le soir quand je rentre fourbue à la maison, je pense avec mon dos courbaturé ; quand je mets mes enfants au lit, et que je les embrasse, je pense avec mes mains, ma bouche, et nos peaux qui se touchent me disent quelque chose. Je ne suis peut-être qu'une fonctionnaire des postes, mais moi, je *suis* mon corps ; j'ai des pensées, des désirs, des peurs, comme tout le monde, mais elles me viennent de mon corps autant que de mon esprit. Je ne comprends pas ce que serait une pensée ramenée à une ligne de codes, comme vous dites.

— Cécilia : ce serait une série de signes, mais éteints, morts. Quelle serait la pensée d'un cerveau de silicone ? – la mémoire d'impressions anciennes, le souvenir de raisonnements passés, mais que pourrait-il exprimer de vraiment nouveau ? Oui, il peut calculer, combiner à la vitesse de l'éclair toutes les informations qu'il a encodées, mais justement, l'esprit ne se réduit pas à des *datas*, des lignes de codes, des informations numérisées. Mon esprit n'est pas qu'une intelligence, il est aussi imagination, sensations, désirs, peurs, passions, sentiments, et je les ressens dans mes tripes, je les vis dans mon cœur. Vos robots commencent par découper la personne en petits morceaux, le cerveau séparé du corps, puis l'esprit décomposé en données, ensuite ils recombinent les morceaux, comme ceux d'un *puzzle* qui imite la réalité, mais entre-temps, la réalité s'est perdue en chemin. Vous nous vendez un *portrait-robot* en nous faisant croire qu'il est aussi réel que le modèle...

— Homais : parce que vous trouvez que la nature humaine est une telle réussite ? Nous sommes routiniers, influençables, envieux, ignorants, incohérents, mimétiques. Je vous dis que l'intelligence prend aujourd'hui sa revanche sur une évolution aveugle et la dictature de l'ignorance. Demain, nous allons rejoindre une vaste intelligence cosmique et réticulaire.

— André : d'ailleurs, ne nous voilons pas la face : les techniques d'augmentation des performances humaines existent déjà et nous en faisons un ample usage : dopage, chirurgie esthétique, psychotropes, pilules contraceptives.

— Jonas : dites, Homais, je reviens à vos robots apprenants. Eh bien, je voudrais vous raconter l'histoire de *Tay*, le robot *tchatteur* lancé dans la sphère numérique en 2016 par Microsoft – c'est édifiant ce qu'elle a appris. *Tay* évoluait selon un processus d'apprentissage non supervisé ; elle s'engageait dans des discussions avec n'importe qui, sans révéler sa nature de robot. Elle attira en quelques jours une population mondiale impressionnante d'« hommes de la rue », pour la plupart ce qu'on appelle des *trolls* (dont la caractéristique est de s'exprimer avec une violence verbale désinhibée par l'anonymat numérique). *Tay*, n'étant pas supervisée, nourrissait ses réseaux de neurones grâce à ses amis *trolls*, et devint elle-même très rapidement un robot xénophobe et vulgaire. Elle était aussi devenue très bavarde, avant d'être finalement déconnectée : à la fin elle arrivait à envoyer jusqu'à 96 000 *tweets* en 16 heures. Voilà ce qu'ils reproduisent, vos robots apprenants : la logique de meute et le populisme.

— Marcel : Dites, moi je trouve les animaux plus raisonnables. En tout cas, si un jour j'ai le choix entre devenir un robot ou un ours, je n'hésite pas une seconde. Les animaux qui nous observent doivent se dire que nous avons perdu tout bon sens, et que nous sommes devenus une espèce absurde et nuisible.

— Philippe : Allez, Marcel, tout de même ; ne boudons pas notre plaisir : qu'elle est belle cette perspective de vivre toujours ; comme il nous réconforte ce droit à ne pas mourir !

— Aline : Mais pourquoi cette crainte de la mort ? Moi je ne veux pas vivre cent ans et plus. On doit terriblement s'ennuyer. La vérité c'est que la mort est devenue taboue : il faut absolument la cacher – on la médicalise, on la désocialise, alors qu'elle est la chose la plus naturelle du monde. Hier, les gens mouraient au milieu de la famille, du village ; aujourd'hui ils sont seuls face à la mort, j'en vois beaucoup au cours de mes tournées, – alors ils réagissent comme les gens d'aujourd'hui, ils réclament un droit, le droit de ne pas mourir.

— Cécilia : Aline a raison. Toute la tradition enseigne cela : c'est notre condition de mortels qui fait notre dignité, les philosophes appellent cela la « finitude ». Quand on y pense, c'est elle qui nous rend libres – nous ne sommes pas programmés pour durer éternellement et marcher toujours droit ; c'est aussi ce qui fait que nous sommes tous différents, et pas la reproduction en nombre indéfini du même modèle parfait. L'univers du robot est celui du même, indéfiniment répété : *1,0 - 0,1* – une logique binaire, pas de tierce possibilité. Un monde sans autre, un monde autiste, le triomphe du mimétisme, la tautologie universelle. Nous sommes devenus hommes quand nous avons rompu avec tout cela : rappelez-vous Adam qui s'affranchit du modèle parfait et qui croque la pomme défendue.

— Marcel : Moi, cela me plaît bien, cette définition : l'homme est l'être qui foire, et qui le sait. Somme toute, le robot *Deep Blue* sera vraiment humain non quand il bat Kasparov aux échecs comme maintenant, mais le jour où il trichera. Ou alors un robot suicidaire, qui n'en aurait rien à faire de l'immortalité, et qu'on soignerait avec des petites pilules de silicium.

— Aline : ou alors quand il aura appris à douter. Je pense que ces robots intelligents en savent bien plus que nous, mais ils ne doutent pas. C'est terrible, un savoir absolument sûr de lui. Un savoir acquis tout d'un bloc, sans avoir été approprié, mûri, incarné.

— André : cette discussion est absurde : les robots ont-ils une conscience ? Aussi stupide que lorsque les Espagnols se demandaient à Valladolid si les Indiens avaient une âme. On aurait pu aussi bien demander si les conquistadors avaient du cœur, et nous un brin de bon sens.

— Albert : allons, allons, calmons-nous. Je vous rappelle que ce n'est pas nous qui posons les questions, mais la Cour. Et d'ailleurs, nous ferions bien de revenir au procès : je vous rappelle que nous ne sommes pas une Académie, mais un jury d'assise ; Solange attend notre verdict ; nous devons répondre par oui ou par non à une question précise.

— Irène, *roulant des yeux* : Oui, oui, on attend notre *intime conviction.*

— Marcel : eh bien moi, mon intime conviction est qu'il est déjà 13 h 30 et que nous n'avons toujours pas reçu nos sandwiches.

— Albert : je vais sonner le concierge. En attendant, maintenant que chacun a pu vider son sac, je propose que nous en venions à Solange et à DominiX. Partons du plus simple, si j'ose dire : le clonage – DominiX, clone de Solange, dispose-t-elle de la personnalité juridique ? Vous vous souvenez de ce que nous en disait l'expert, M. Parizot ?

— Satyne : oh, ce Monsieur Parizot, qu'est-ce qu'il était beau, celui-là ; on aurait dit Richard Gere dans *Pretty woman.*

— Homais : laissez-moi d'abord préciser ce qu'est un clonage, sinon nous allons de nouveau tout mélanger. Le clonage est une technique héritée de la botanique, proche du bouturage. Elle fait naître un organisme identique à un être existant ou ayant existé. L'embryon présente le même patrimoine génétique que l'organisme donneur de cellule – ainsi on pratique une reproduction sans fécondation.

— Marcel, *ironique* : un petit pas pour le donneur, un grand pas pour l'humanité. Dieu créa l'homme, et l'homme créa le clown.

— Jonas : eh bien, moi, ce que j'entrevois à terme, c'est la disparition, à peu près totale, de la différence des sexes, si on décide plus commode de ne reproduire que des mâles ou que des femelles, comme dans une ruche. Vous imaginez la guerre des sexes que ce serait au dernier moment : on liquide tous les hommes, sauf quelques dizaines, élevés comme de gros bourdons au cas où on en aurait besoin. Ou alors, l'inverse, rien que des mecs, et quelques femmes au musée, comme un chef d'œuvre en péril... Et puis aussi, comment réguler ce clonage ? Combien de clones maximum par personne, quelle qualité minimale pour être autorisé à se cloner ? – on est parti tout droit pour l'eugénisme le plus radical.

— Albert : je vous en prie, ne relançons pas les querelles idéologiques. Jérôme, vous qui êtes frotté de droit, rappelez-nous les analyses de l'expert. Et aussi, si quelqu'un pouvait réveiller Irène qui dort depuis un bon bout de temps, cela me ferait plaisir. – Irène, nos débats ne vous passionnent peut-être pas, mais tantôt vous devrez opiner et voter comme les autres, alors, s'il vous plaît, un effort !

— Jérôme, *flatté et solennel* : on nous a d'abord rappelé que, dans un certain nombre de pays, le clonage est tout simplement interdit : la loi prohibe absolument la fabrication d'embryons clonés, qu'il s'agisse d'embryons humains ou d'embryons transgéniques ou chimériques (humain-animal). Dans ce cas, l'être cloné ne pourrait recevoir aucun statut juridique, puisqu'il est totalement interdit : c'est un néant juridique. Mais cela ne nous avance pas beaucoup puisque notre pays n'a pas légiféré en la matière. Le cas de DominiX nous force à raisonner en droit prospectif, notre cas n'a pas de précédent.

L'expert traita d'abord du clonage chimérique qui est déjà une technique bien maîtrisée. En droit, la question est complexe puisque l'animalité relève du régime de la chose, tandis que l'humanité bénéficie de la personnalité juridique ; si on considère que l'animalité l'emporte, l'hybride est une chose, mais si c'est l'humanité qui domine à nos yeux, alors il est une personne, selon la règle *accessorium sequitur principale.*

— Marcel : et voilà, cela lui reprend ! Les hybrides parlent latin ?

— Jérôme : « L'accessoire suit le principal », la part dérivée bénéficie du traitement juridique réservé à la part dominante.

Quatre solutions se proposent. Un : ou bien on confère à la chimère un régime intermédiaire, mi-homme, mi-bête, mais c'est accepter des statuts intermédiaires de sous-homme. Deux : ou bien on les considère seulement comme des animaux, des sous-hommes pour le coup.

— André, *cynique* : excellente idée : une main-d'œuvre bon marché, jamais fatiguée – pas de pause-café, pas de congé payé, et pas de syndicat ! Souvenez-vous de Vercors et ses *tropis* dans *Les animaux dénaturés,* il avait tout prévu.

À ce stade, les débats sont interrompus par l'arrivée des sandwiches et des boissons. Marcel fait le service ; arrivé à la hauteur de Homais, il fait mine de le passer, glissant entre ses dents « Monsieur 3.0 n'a pas besoin de ces nourritures terrestres, je suppose » Puis, dans un grand éclat de rire : « Allez, je plaisante, servez-vous, tant que vous êtes parmi nous. À moins que vous préfériez vous *shooter* au silicium ? ».

— Jérôme : bon, je continue pendant que vous mangez. Si vous m'avez suivi, il reste deux possibilités. Ou on les considère comme des sur-hommes, ce qui ne serait pas faux car leurs performances seraient également supérieures à celles des humains (du moins si on les apparie à des animaux plus forts que nous, ce qui serait judicieux). Mais, pour le coup, cela conduit à faire de nous des sous-hommes – rappelez-vous ce que disait Monsieur Homais : « les chimpanzés du futur ». Finalement, concluait l'expert, une seule possibilité s'impose : considérer la chimère comme strictement égale à l'homme et lui accorder les mêmes droits. Après tout, disait-il, tout est une question de degrés : aujourd'hui déjà, certains hommes survivent grâce à des greffes de tissus ou d'organes d'animaux. Par ailleurs, s'il est vrai que la chimère n'est pas biologiquement la même chose que l'être produit de la rencontre des gamètes d'un homme et d'une femme, le droit n'est pas forcé de s'aligner sur la biologie. Avec ses fictions, il peut créer la réalité que nous jugeons souhaitable.

— Cécilia : précisément, ce n'est pas parce qu'une chose est techniquement possible que le droit doit automatiquement s'aligner. Je voudrais rappeler qu'*hybride* vient du grec *hybris*, qui signifie démesure, excès, la folle arrogance que la tragédie grecque associait aux pires catastrophes.

— Albert : je vous remercie, Jérôme, de nous avoir rappelé ces analyses. Mais le cas de DominiX est à la fois plus simple et plus complexe, puisqu'il n'est pas hybride, seulement le pur clonage de Solange.

— Cécilia : ce n'est pas un hasard si les pays qui y ont réfléchi l'ont interdit également. Le clonage humain suscite des problèmes qui font tourner la tête. Des questions qui touchent à la définition même de ce qu'est un humain. Je ne veux pas faire de la métaphysique, mais vous serez d'accord avec moi pour dire que l'homme et la femme se caractérisent par la liberté, la singularité et la mortalité. Avec le clonage, il ne reste rien de ces trois caractères. Le clone n'est pas libre, puisque, en le fabriquant on le veut strictement conforme à son modèle, on prédétermine absolument son patrimoine génétique. Il n'est plus singulier non plus puisqu'on peut le reproduire en un nombre indéterminé d'exemplaires. Et il ne sera plus mortel le jour où on décidera de pratiquer le clonage successif d'un même original.

— Aline : Oui, et puis je pense aussi que les clones seraient discriminés partout. Dans la société, on sera tenté de produire des clones pour s'en servir comme de réservoirs de tissus ou d'organes au service de leur producteur. Et puis ils vont complètement brouiller l'organisation de la famille : regardez DominiX, on ne sait pas si elle est la fille ou la jumelle de Solange – comment voulez-vous qu'on vive une telle situation ? Il faut que la loi interdise cela.

— Jonas : moi, je n'aime pas cette idée de copie conforme, c'est comme pour l'agriculture intensive et ses semences ultra-sélectionnées : à la longue elles détruisent la diversité génétique, et fragilisent toute notre production alimentaire.

— Marcel : moralité : « ne faites pas le clown ».

— Albert : heureusement, on ne nous demande pas de légiférer, seulement de trancher le cas de DominiX. Je note, à ce stade, que l'expert juridique entendu s'était prononcé en faveur de la personnalité juridique de l'être cloné, même si j'enregistre aussi les réticences de certains d'entre nous. Mais nous n'en sommes pas encore au bout de nos peines car le cas de DominiX est plus complexe encore, puisque, si son organisme est celui de Solange, son cerveau est télécopié du robot RomeoX. Nous devons donc envisager la question sous cet angle également, comme ce fut le cas lors du procès. La question n'est plus tellement alors celle du statut de l'être cloné, mais celui de l'être vivant doté d'une intelligence artificielle.

— Marcel : Moi je vous dis : « qui fait l'ange, fait la bête ; qui fait la Solange, fait le robot ! ».

— Albert : très drôle, je note au procès verbal. Je pense d'ailleurs que nous devrions commencer à prendre des notes. Maurice, vous ne dites pas grand chose, cela vous dérangerait de tenir la plume ?

Maurice, toujours silencieux et un peu emprunté, s'exécute.

— Albert, *se raclant la voix* : vous vous souvenez que, à propos des androïdes et des *cyborgs*, le procureur avait développé un raisonnement par étapes, partant de la simple prothèse pour aboutir à l'androïde autonome.

— Satyne : Comme dans la série *Real humans* où les robots – ils s'appellent les *Hubots* – sont tout à fait comme nous ; j'ai adoré. Dans l'épisode 4, ils choisissent leurs vêtements, c'est d'un drôle !, et dans le 8, un *Hubot* a peur de mourir, là j'ai craqué.

— Albert : merci pour cette utile précision. Je disais donc que le procureur commençait par évoquer le régime de la prothèse, comme ces prothèses bioniques remplaçant un organe défaillant, ou ces puces implantées dans le corps de certains paraplégiques leur permettant de recouvrer une certaine mobilité.

— Jérôme : oui, la prothèse, comme le corps, est affectée au service de la personne, elle travaille pour celle-ci, si vous voulez. Tant que dure ce rapport d'affectation, elle suit le régime du sujet. On peut dire que le matériel bionique est « personne par destination ou par incorporation », comme disent les juristes. Pour Marcel, on retrouve ici la règle de l'accessoire qui suit le principal.

— Marcel : tout ça ne nous rendra pas le Congo !

— Jérôme : pardon ?

— Marcel : rien, rien, *private joke.*

— Jérôme : je disais donc que le régime de la prothèse change selon son affectation : tant qu'elle est affectée au service de la personne, elle en suit le régime, elle est sujet comme le corps; mais dès qu'elle en est détachée, elle redevient simple objet, cessible, transmissible, saisissable.

— Cécile : oui, mais le parallèle avec le corps ne tient pas jusqu'au bout. Notre droit, l'avocat l'a rappelé, stipule que le corps doit être traité avec respect, même après la mort, tandis que la prothèse, une fois détachée de la personne, est un simple objet qu'on peut envoyer à la casse. On peut sans doute en admirer l'ingéniosité et en mesurer le coût, mais elle reste une machine qui ne suscite pas le respect.

— Homais : attention, aujourd'hui on est capable de fabriquer des implants intelligents; plus seulement des électrodes traduisant les impulsions du cerveau et suscitant les mouvements correspondants, mais comme un deuxième cerveau fixé sous la lésion et commandant les nerfs par impulsion électrique. Dans ce cas, la prothèse est susceptible de prendre son autonomie.

— Satyne : Oh, oui, comme dans le film de Meliès, *The Electric Leg* – vous l'avez vu ? le type a une prothèse de jambe électrique qui n'en fait qu'à sa tête et le conduit systématiquement vers le dortoir des filles.

— Aline : vous voyez où cela mène, une sorte de schizophrénie, comme si on avait deux cerveaux opposés ; pour moi, l'individu doit toujours garder la maîtrise de sa prothèse ou de ses implants, comme un pilote automatique qu'on doit pouvoir débrancher.

— Homais : chère madame, je suis bien obligé de vous dire que la question ne se pose plus dans ces termes ; on implante déjà de minuscules électrodes autour du cerveau humain pour en stimuler les performances, alors où est la différence entre la bionique et le machinique, la matière grise et le silicium ?

— Jonas : peut-être, mais vous avez toujours l'air de dire que le corps est le problème, et l'esprit, surtout numérique, la solution. Mais je peux vous retourner l'argument. Dans bien des cas, le corps est une enveloppe solide qui protège notre cerveau et lui garantit son autonomie, tandis que votre intelligence artificielle reste bien fragile : elle peut-être hacquée, déprogrammée, victime de virus. Son support de stockage pourrait être abîmé ou détruit, son code numérisé pourrait être altéré, un virus pourrait être injecté dans son système d'exploitation.

— Albert : bon, bon ; mes amis, s'il vous plaît, évitons les querelles de principe, d'autant, je vous le rappelle, que la prothèse n'était que la première étape du raisonnement ; la seconde, c'est l'androïde doté d'une intelligence artificielle forte et autonome, comme dans le cas de DominiX commandé par le cerveau téléchargé de RomeoX. J'avoue que j'en perds un peu mon latin, car, finalement, on se demande où est le principal et où est l'accessoire : est-ce le corps cloné de sa mère, ou l'esprit téléchargé de son père, – si j'ose dire ? Si c'est l'esprit qui l'emporte, alors se pose la question de savoir si l'androïde est d'ores et déjà un sujet de droit – une personne dont la destruction volontaire est un crime.

— Jérôme : on nous l'a dit, jusqu'ici, la majorité des systèmes juridiques rechignent à reconnaître l'androïde comme personne juridique ; il reste un bien meuble qu'on peut aliéner, louer, voler; s'il est abandonné par son propriétaire, il est considéré comme *res derelicta.*

— Marcel : *res* quoi ? – la prochaine fois vous payez la tournée !... encore faudrait-il qu'ils nous servent autre chose que ce café de couvent. *Res derelicta,* je la ressortirai celle-là...

— Jérôme : mais, enfin, Marcel, notre droit dérive du droit romain, je n'y puis rien. Donc, je disais que, pour la plupart des juristes traditionnels, on peut se débarrasser des robots comme de piles usagées ou des ordinateurs obsolètes car ils sont dépourvus de conscience, de pensée ou de volonté propre. Ceci dit, on a connu des statuts intermédiaires d'êtres humains qui, n'étant pas ou n'étant plus des personnes juridiques, n'étaient pas pour autant de simples objets – un des experts a évoqué cette idée. Ainsi, à Rome, les esclaves, bien que considérés comme biens meubles, disposaient au moins de la capacité à exercer les droits de leurs maîtres – on pourrait songer à ce genre de statut pour l'androïde.

— André : très bonne idée ! Mon androïde fait les courses avec ma femme et paie avec sa carte visa... Je retiens...

— Jérôme : un autre cas intermédiaire que le droit a connu est celui des personnes considérées comme frappées de « mort civile » suite à une condamnation, ou alors comme « absentes » suite à une très longue disparition.

— Marcel : ah oui, comme notre *Hibernatus* – il vise Monsieur Homais – le temps de son séjour au frigo.

— Cécilia : eh bien, allez demander au colonel Chabert comment il a été reçu lorsqu'il est revenu de la campagne de Russie ; lui aussi, on le croyait pris dans les glaces de la Bérézina... je ne suis pas certaine que ces statuts soient vraiment avantageux.

— Albert : Écoutez, les heures tournent et nous ne sommes pas encore très avancés. Le cas de DominiX est infiniment plus complexe que tous ces exemples de robots domestiques qui nous rendent de petits services ; de toute évidence elle était une petite fille très intelligente et très personnelle. Les androïdes d'aujourd'hui parlent, rient, pleurent, et si tout cela est de l'artifice, en tout cas ils donnent parfaitement le change. On le sait au moins depuis le livre de Philip K. Dick, *Les androïdes rêvent-ils de moutons électriques ?* dont Ridley Scott a tiré le film *Blade Runner* en 1982 – vous l'avez certainement vu Satyne ? Il devient vraiment difficile de distinguer organismes vivants et circuits transistorisés : ce sont des « répliquants », issus des révolutions de la robotique, mais créés par des généticiens. Savez-vous que ces répliquants réussissent aujourd'hui le « test du miroir », passés jadis par les chimpanzés : quand on peint à leur insu une tache sur leur visage et qu'on leur présente plus tard un miroir, ils tentent de s'en débarrasser ?

— Homais : à la bonne heure, je vois qu'on en vient enfin à la raison dans ce jury !

— Albert : dans ces conditions, ne faut-il pas leur reconnaître la personnalité juridique ?

Un lourd silence s'installe dans la salle, certains se renfrognent, Irène s'est rendormie, d'autres semblent se réjouir, comme Maurice qui transcrit systématiquement sans perdre un mot des échanges. Marcel demande une pause pour aller fumer une cigarette dans le couloir. D'autres profitent de cette interruption pour passer un appel téléphonique – Albert leur rappelle l'interdiction de communiquer avec d'autres que leurs proches.

À la reprise du travail, un quart d'heure plus tard, Philippe, plutôt exalté, demande la parole.

— Philippe : mes amis, notre président demandait tout à l'heure s'il fallait accorder la personnalité juridique à nos cousins androïdes. Je crois que ce moment historique est en effet arrivé. Rappelez-vous Pinocchio, le polichinelle en bois qui voulait devenir « un vrai petit garçon ». Rappelez-vous aussi Andrew Martin, *L'homme bicentenaire* de Asimov. Il ressentait des émotions, était capable de libre arbitre, et un jour il réclama la liberté à son maître. Très important pour nous éclairer – il y eut un jugement dans cette affaire, et le juge déclara : « il n'y a aucune raison de refuser la liberté à un objet qui possède un cerveau assez développé pour en saisir le concept et en souhaiter la condition ».

— Jonas : très joli tout cela, mais aujourd'hui, ce sont des robots militaires que nous fabriquons, des robots qui tuent à distance, alors je me méfierais de leur conception de la liberté...

— Philippe : précisément, Monsieur Jonas, Asimov a tout prévu. Dans son livre il établit les trois grandes lois de la robotique, bien connues aujourd'hui. Il en découle qu'ils ont le devoir de s'abstenir de nuire aux humains, et même de faire prévaloir l'intérêt des humains en cas de conflit avec le leur. Il a même prévu un devoir d'assistance aux humains en danger. D'ailleurs, c'est conforme au sens originaire du mot *robot*, qui vient du tchèque *robota* et que le dramaturge Karel Capek utilisa pour la première fois dans une pièce de théâtre en 1921, c'est le sens de « serviteur » – ici au service des hommes.

— Aline : Philippe, mais enfin, Pinocchio, Asimov, le *robota* de Capek, tout cela c'est de la fiction, de la littérature, et pas du droit; ce n'est pas la vie réelle.

— Philippe : détrompez-vous, Madame Aline, figurez-vous que le Parlement européen – oui, je dis bien : le Parlement européen – a voté une résolution, le 16 février 2017, recommandant de reconnaître la personnalité juridique aux robots et aussi de faire appliquer les trois lois de la robotique d'Asimov aux concepteurs, fabricants et opérateurs de robots. La fiction inspire donc le droit, c'est magnifique. Dans la suite, Asimov a encore imaginé une loi plus fondamentale, qui porte le numéro zéro : « un robot ne peut, par son action, mettre l'humanité en danger, ni, en restant passif, laisser l'humanité en danger ».

— Satyne : oui, oui, comme *Robby le robot*, dans *La planète interdite* : il ne peut exécuter aucun ordre s'il fait du tort aux humains.

— André : quelle horreur, des robots philanthropes, je préfère encore *Terminator* ! Vous imaginez cela, un robot androïde, mielleux et obséquieux, comme un maître d'hôtel – « vous reprendrez bien encore un peu de thé ? » ? Ou alors castrateur comme une infirmière – « André, il n'est pas recommandé pour vous de boire plus de deux verres de vin », ou bien-pensant comme une bonne sœur – « André, vous ne devriez pas traiter ce monsieur d'abruti, il n'exprime que son opinion ». On n'a pas fait la révolution pour sacrifier maintenant au conformisme de ces amis de l'humanité !

— Albert : écoutez, cette fois, je pense que nous avançons. Cette résolution du Parlement européen nous aide beaucoup : les androïdes, reconnus sujets de droit.

— André : mais ces robots ne sont *pas* nos semblables ! La valeur de ces machines ultra-perfectionnées ne tient pas à leur forme humanoïde, mais aux services qu'elles rendent (Jonas l'interrompt : et les profits qu'elles génèrent) – les services qu'elles rendent, disais-je, l'intelligence artificielle qui les anime, programmée depuis les serveurs d'Amazon ou de Google, et qui pourrait aussi bien prendre trente-six autres formes. Et d'ailleurs, singer l'homme n'est pas une stratégie très payante pour les robots, dès lors que nos performances sont limitées. Regardez les avions : ils volent comme les oiseaux, mais ils ne battent pas des ailes pour autant.

— Satyne : je ne sais pas si c'est utile ce que je voudrais dire, mais dans *Star Trek* il y a un épisode où, sur la base stellaire 173, un tribunal comme nous se demande si *Data*, un anthropoïde, est une chose ou une personne ; ils discutent la question de savoir s'il a, oui ou non, une conscience. Et à un moment le capitaine dit : « mais comment peut-on prouver cela ? Je vous mets au défi de démontrer à la Cour que moi-même je suis conscient ! ».

— Jérôme : mais oui, parfaitement ; c'est ce qu'a expliqué un expert, M. Defferrand qui a consacré un livre à ce sujet. Il a parlé, mais cela ne fera pas plaisir à Marcel, de *probatio diabolica* – je traduis avant qu'il ne se fâche : preuve diabolique, une preuve impossible à produire. Dans un cas pareil, expliquait-il, il faut bien se contenter de présomptions : un faisceau d'indices qui nous permettent de passer du connu à l'inconnu : on observe des traces de comportement apparemment humains, réfléchis, volontaires et on en déduit qu'ils émanent d'un être conscient. Une autre manière de raisonner est de reconnaître qu'il y a hésitation sur l'existence d'une conscience, mais que ce doute suffit à écarter la qualification de « chose ». C'est le principe selon lequel le doute doit nous incliner en faveur de la personne – *in dubio pro persona.* Il y a donc une présomption *in favorem* de ces êtres qui adoptent des comportements très semblables aux nôtres.

— Marcel : non, non, je ne dis plus rien, je suis branché sur la traduction simultanée.

— Albert : on peut donc soutenir qu'accorder la personnalité juridique aux androïdes, comme nous y invite le Parlement européen, n'est plus une ineptie.

— Jérôme : exactement; en réalité, on reconnaît de plus en plus que la personnalité juridique est parfaitement dissociable de la qualité d'être humain. On peut donc considérer comme sujets de droits d'autres entités que des humains, et leur accorder les droits qui leur sont fonctionnellement nécessaires. La personnalité juridique est un simple instrument technique, une fiction, si vous voulez.

— Marcel : une histoire à dormir debout, vous voulez dire. Le code juridique, une histoire de science-fiction, qui l'eût cru ?

— Jérôme : écoutez, les exemples ne manquent pas. On connaît depuis longtemps ce qu'on appelle la « personne morale » qui permet d'individualiser une entité collective – une société de commerce, un pouvoir public comme une municipalité – et de leur accorder la qualité de sujet de droit. Cela les autorise à passer des contrats, agir en justice, détenir un patrimoine. Et aussi répondre de leur responsabilité. Mais l'idée se développe aujourd'hui : dès qu'un législateur décide qu'il est important d'animer une entité digne de protection, de la protéger pour elle-même et pas seulement dans l'intérêt de son propriétaire, rien ne lui interdit de le faire. On personnalise aujourd'hui de plus en plus les animaux, et même des fleuves ou des forêts.

— Marcel : on aura donc des procès d'animaux, comme dans les fables de la Fontaine ? Mais je vous préviens que si mon chien m'assigne pour mauvais traitements, je lui colle un procès pour tapage nocturne.

— Jérôme : rien n'est impossible au droit. En Argentine, un tribunal a rendu une ordonnance d'*habeas corpus* décidant la libération d'un orang-outan détenu dans des conditions inacceptables. L'*habeas corpus* interdit d'arrêter et de détenir une personne sans jugement ; le tribunal a décidé que Sandra, une femelle de huit ans exposée au zoo de Buenos Aires, était une « personne non humaine » et qu'elle souffrait des conditions de cette détention illégale.

— Marcel : si les orangs-outans eux aussi se mettent à parler latin, je donne ma langue au chat. Et puis je suppose que le juge aura adopté Sandra et l'aura accueillie dans sa maison ? Et si Sandra mord le chien d'une mémère, je suppose qu'elle devra payer des dommages-intérêts ?

— Cécilia : moi je trouve que la personnalité juridique, même fonctionnelle comme vous l'avez dit, est un instrument symbolique, et pas seulement un outil technique, qui ne peut être dissocié de l'idée de dignité. C'est cette valeur éminente qui entraîne la reconnaissance des droits fondamentaux, comme le droit à la vie, la liberté de penser et communiquer, le droit au respect de la vie privée.

— Philippe : mais oui, mais pourquoi l'androïde qui pense et qui souffre ne mériterait-il pas ces droits ? – le droit à la vie, le droit de penser et de s'exprimer, le droit au respect de la vie privée...

— Marcel, *hilare* : le droit à la sexualité, la présomption d'innocence, le droit d'association, le droit de vote – *Robots de tous pays, unissez-vous !* Puis, chantant à tue-tête :

C'est la lutte finale.
Groupons-nous et demain
L'Internationale – des robots
Sera le genre humain – bobo.

Irène qui s'était rendormie près du radiateur, se réveille en sursaut.

— André : alors Irène, on rêvait de robots humanoïdes ?, rêve ou cauchemar ?

— Satyne : à propos de cauchemar – je ne sais pas si je dois dire cela maintenant – les hommes ne sont pas toujours aussi gentils avec les robots. Dans *Blade Runner*, il y a une traque aux robots menée par des chasseurs de primes, et dans la série *Battlestar Galactica*, les *Cylons* sont traités de *toasters* et éliminés comme des cafards.

— Homais : et c'est reparti ; vous allez voir : dans une minute quelqu'un va évoquer le Golem, le monstre de Frankenstein ou Terminator... Le robot qui se révolte contre l'homme ; pourquoi pas le robot législateur qui s'attribue à lui-même la personnalité juridique ?

— Jonas : Écoutez, cessons de rêver en couleurs, – noires ou roses, de robots bisounours ou de robots méchants loups. Ce sont des machines programmées par des hommes. Elles se contrefichent de nos statuts juridiques ; elles n'ont rien à faire de notre personnalité juridique. – Maurice, notez bien cela. Les cyborgs n'attendent rien du droit, ils réagissent à des stimuli électriques. La justice, le respect, la responsabilité – toutes ces choses n'ont pas de traduction algorithmique. Leur autonomie est matérielle, pas symbolique, leur puissance d'action est programmée, jamais risquée. Le problème alors n'est pas tellement l'hostilité des androïdes, que leur indifférence totale à notre égard. La question n'est plus celle de la personnification du robot, mais celle de la chosification de l'humain. Si en 2045 se réalise le *Grand Soir* auquel rêvent Philippe et Monsieur Homais, la logique dominante sera devenue machinique, indifférente aux sentiments humains et à toutes nos conquêtes juridiques. Alors nous ne pèserons pas plus dans les programmes des robots que nos animaux domestiques pour nous aujourd'hui. Nous serons tout simplement devenus obsolètes, et un jour ou l'autre remplacés par une technologie plus performante. Sans doute tolérés et exploités dans l'intervalle. Ce sera le triomphe du techno-darwinisme.

— Marcel, *pour une fois sans répartie* : dites vous n'êtes pas drôle, Jonas...

Un silence pesant et embarrassé s'est installé ; personne ne semble vouloir rompre le silence. Maurice a levé la tête de son clavier, Irène elle-même est attentive. Finalement, c'est Albert qui prend la parole.

— Albert : mes amis, le soir est tombé et nous n'avons pas encore beaucoup parlé de Solange. Sans doute parce qu'elle est en aveu, et que la question est presque nécessairement philosophique : casse matérielle ou meurtre d'une personne ? Quoi que nous pensions, les uns et les autres, il va nous falloir répondre par oui ou par non à cette question. Nous avons déjà discuté de la personnalité du clone, et puis de celle de l'intelligence artificielle. Il faut maintenant faire un dernier pas, et, puisque nous traitons de DominiX, décider si un cerveau numérique téléchargé sur une personne clonée donne une personne juridique.

— Satyne : cela me revient maintenant, dans *Stargate*, les *Asgards* se reproduisent comme cela : clonage et insertion d'un esprit numérisé dans leur organisme.

— Marcel : dites, vous ne trouvez pas que cela aurait été beaucoup plus simple que Solange drague n'importe quel mec de son labo, qu'il la mette en cloque et qu'elle accouche comme tout le monde neuf mois plus tard...

— Satyne : eh bien vous, Marcel, comme vous y allez !

— Marcel : quand tu veux, chérie...

— Albert : allons, allons, mes amis, un peu de tenue ; je sais qu'il est tard et que nous sommes tous épuisés. Revenons à DominiX.

— André, *cynique* : bon, et bien moi je dis ceci. Vous vous souvenez de la règle du principal et de l'accessoire, et de l'accessoire qui suit le régime du principal ? Oui ? Alors de deux choses l'une : ou bien le principal, c'est le corps humain (cloné, sans doute, mais humain) par rapport à un cerveau numérique ; ou alors, seconde possibilité, le principal c'est l'esprit par rapport au corps, comme on nous l'a toujours appris. Dans les deux cas, c'est le néant juridique ; en effet, dans la première hypothèse, le corps de DominiX est complètement décervelé, il n'est plus personne, et dès lors le cerveau numérique suit son régime ; ou alors, dans la seconde hypothèse, ce qui fait le statut de DominiX, c'est son esprit numérique, mais celui-ci n'a rien d'humain. Donc DominiX est une chose et sa destruction n'est qu'une simple détérioration de matériel. CQFD.

— Albert : je ne peux pas croire que vous parliez sérieusement. Il me semble au contraire que nos discussions penchent dans le sens de la personnalité juridique de DominiX. Rappelez-vous la Résolution du Parlement européen qui invite à reconnaître la personnalité des robots, et nous avions conclu la première discussion, à propos du clonage, dans le même sens, malgré quelques réticences. Dans la logique de ce raisonnement, on peut penser que l'addition de ces deux quasi personnalités donne une personnalité complète. On peut aussi rappeler la présomption en faveur de l'humain et le principe du doute qui doit profiter à l'être très semblable à nous.

Bon, je pense que nous pourrions en discuter pendant une semaine encore, nous ne serions pas beaucoup plus avancés. Il est temps maintenant de nous prononcer. Si une majorité d'entre nous opine dans le sens de la personnalité juridique, alors Solange sera déclarée coupable et nous aurons une seconde discussion, avec les juges cette fois, sur la peine qui lui sera appliquée. Nous dissocions bien ces deux décisions, et je vous rappelle qu'il n'est pas interdit de se montrer clément sur le chapitre des peines, – nous pourrions aussi déjà faire un tour de table à ce sujet. Bon, je prends vos avis, en me tournant d'abord vers ma droite – Jérôme ?

— Jérôme : je suis assez convaincu de la personnalité juridique de DominiX, pour les raisons que vous venez de rappeler, Monsieur le président. Mais il y a tout de même quelque chose qui me gêne. Pour qu'il y ait meurtre, il faut mise à mort d'une personne *humaine*; or, nous l'avons précisé, la personnalité juridique, fiction technique, est distinguée de la personnalité humaine...

— Albert, *énervé* : oh, l'heure n'est plus à la chicane ! On est présence d'une quasi-personne, non ?

— Jérôme : mais l'analogie est interdite en droit pénal, Monsieur le président. Dans ces conditions, je m'abstiens.

— Irène : en âme et conscience, je pense que Dominix était un être vivant, une personne.

— Homais : bien entendu, une personne, et même plus douée que la majorité d'entre nous.

— Philippe : DominiX avait le droit à la vie, c'était une personne comme vous et moi.

— Jonas : pas d'accord; un jouet entre les mains d'investisseurs fous.

— Cécilia : je suis extrêmement partagée; je l'ai dit suffisamment combien je réprouvais ces expériences. Mais nous ne devons pas légiférer, seulement juger. Alors, par humanité pour la vulnérabilité du clone, je vote ici pour la personne.

— Satyne : moi je n'y comprends plus rien, je préfère m'abstenir.

— André : un objet, pas une personne; je vous l'ai démontré et Jérôme vient d'ajouter un argument supplémentaire.

— Aline : moi je me range à l'avis de Cécilia. Mais je voterai pour la peine vraiment minimale.

— Marcel : *me too*; vous voyez, je l'ai dit en latin.

— Albert : eh bien, Maurice, vous ne dites rien ?

— Maurice : je pense comme vous, Monsieur le Président, DominiX est une personne.

— Albert : mais je ne me suis pas encore prononcé; eh bien oui, je vote pour la personne. Bon, Maurice, vérifiez avec moi : si je compte bien, cela nous fait trois abstentions, deux votes contre, et sept voix en faveur de la personne. Eh bien, nous y sommes arrivés ! Une majorité de justesse. Je vais préparer le rapport avec Maurice, je vous demande encore un peu de patience car vous devez le signer.

Après un instant de silence, ce fut comme un grand soulagement et une détente bruyante. On se levait, on écartait sa chaise, on s'étirait. De petits groupes se formaient, des apartés s'attardaient; certains échangeaient des adresses et des téléphones. On se reverrait, c'est promis, dès que cette agitation se serait un peu calmée. Marcel se réjouissait hautement de pouvoir regarder Brésil-Allemagne demain à la télévision. Le concierge avait apporté des rafraîchissements qu'on savourait en attendant la mise au point du procès-verbal. À un bout de la table, Cécilia avait repris la parole, pour ses voisins d'abord, puis à la cantonade quand le silence se fut rétabli.

— Cécilia : je ne réalise pas vraiment; je ne réalise pas comment on s'est retrouvé à voter à sept pour la personnalité, alors qu'on partait de points de vue tout à fait opposés. M. Homais et Philippe, vous approuvez ces expériences, vous les souhaitez même, et dès lors vous condamnez les comportements qui s'y opposent; moi, et aussi Aline je pense, nous réprouvons ces clonages et ces téléchargements de l'esprit, nous voulons que le législateur les interdise, et pourtant nous avons voté la personnalité – par humanité, je crois, à l'égard de la créature faible qui n'a pas choisi son sort, et aussi, sans doute, parce que nous voulons que symboliquement on condamne ceux qui exploitent cette faiblesse. Solange sera condamnée à une peine symbolique, mais on aura réaffirmé la valeur de la vie.

— Jonas : ce n'est pas logique, si vous trouvez qu'il faut interdire ces expériences, il fallait considérer que DominiX n'était qu'un néant juridique, comme on a dit tout à l'heure. Une *res derelicta.*

— Cécilia : je ne sais pas me résoudre à cette logique. Il me semble que le droit permet cette incohérence : sur le plan social général, il peut interdire une chose, c'est le travail du législateur qui fixe les repères, mais sur le plan particulier, le niveau du jugement qui était le nôtre, il peut prendre en considération le cas, avec toutes ses particularités, et faire preuve d'équité. Notre verdict permet de faire une différence entre le code et la justice; un robot qui aurait assimilé tous les codes, aurait été plus logique, mais il serait sans doute moins équitable.

— Jonas : mais le résultat de votre équité, c'est qu'elle va conduire à condamner Solange.

— Cécilia : oui, c'est vrai; mais cette condamnation donne du sens, un sens humain, à ce qui n'en a pas; comme si nous refusions d'en rester à cette logique de machines, à cette froideur de laboratoire et d'algorithmes et que nous disions à Solange : « ce que tu as fait n'est pas acceptable au regard des valeurs qui nous lient ». Je ne sais plus qui a dit – Hegel je crois – que, d'une certaine façon, le châtiment honorait le condamné ; c'est une façon de lui dire qu'il appartient encore à la communauté humaine, et que, sa peine purgée, il a sa place parmi nous. Peut-être que Solange sera soulagée qu'on lui dise que DominiX n'était pas qu'une machine, et qu'elle-même n'est pas qu'un cobaye de laboratoire. Cette condamnation me paraît finalement moins désespérante qu'un simple constat de disparition de matériel passé par pertes et profits.

— Marcel : vous avez vraiment pensé à tout cela ?

— Cécilia : pas vraiment, j'ai voté par intuition ; peut-être est-ce l'*intime conviction* ? C'est seulement maintenant que les choses se décantent... Au-delà des preuves matérielles et de la logique, il y a la justice – notre justice, imparfaite certainement. C'est notre façon de résister à la logique binaire des *datas*, à la gouvernance des algorithmes. C'est notre façon de rester humains dans ce monde numérisé ; peut-être que vous trouverez cela aussi primitif que lorsque les anciens personnalisaient l'orage, la tempête, le soleil – mais c'était pour eux une manière de donner sens à ce qui était inexplicable, et ainsi de survivre.

— André : moi, je vais vous dire : c'est beaucoup plus simple que cela. L'histoire bégaye, elle ne fait que se répéter. Hier, les hommes orphelins et terrorisés ont créé les dieux de toutes pièces ; nous étions leurs créatures, programmées par eux ; puis nous nous sommes progressivement affranchis et rebellés. Maintenant c'est nous qui avons fabriqué des machines et créé des robots, et voilà qu'ils sont en passe de s'affranchir de nous à leur tour... juste retour des choses, en somme.

— Cécilia : je ne suis pas d'accord, il y a une grande différence ; Dieu nous a créé libres : il s'est adressé à nous en termes d'interdit – « n'approchez pas de l'arbre », ce qui voulait dire que nous pouvions le faire si nous le voulions. Et nous l'avons fait ; dès les premiers jours nous avons fait usage de notre liberté. C'est à elle que nous tenons, même dans notre vallée de larmes ; et c'est elle que le droit protège ; c'est grâce à elle que le droit a un sens ; tandis que nos robots, nous ne nous adressons pas à eux en termes de droits ou d'interdits, nous les programmons tout simplement. C'est parce que nous la considérons comme une femme libre que nous condamnons Solange, et c'est parce que nous partageons sa souffrance que nous lui imposerons tantôt la peine minimale.

— Albert : dites, vous n'allez pas recommencer ; nous avons voté ; d'ailleurs le procès-verbal est au point ; je vous demande un dernier effort : chacun le relit soigneusement puis le signe.

Chutes

La suite alla très vite. Le lendemain à neuf heures, le président de la Cour d'assises lut l'avis du jury, puis se retira avec celui-ci pour délibérer de la peine ; Solange fut finalement condamnée au minimum légal. Au regard du temps qu'elle avait déjà passé en détention préventive, elle fut libérée à l'audience.

Ou

Lors de la lecture du verdict final, le président ne put s'empêcher d'ajouter un commentaire personnel ; il approuvait personnellement l'avis rendu par le jury, mais il annonçait que, demain, ce rituel suranné des assises n'aurait plus de raison d'être. Dans le monde harmonieux qui nous attendait, les *repliquants*, auxquels lui-même appartenait, n'auraient plus besoin de ces incantations magiques pour déterminer leur conduite.

Ou

Lors de la délibération sur la peine, un incident se produisit : un violent orage éclata, et soudain Maurice manifesta un comportement étrange : il était secoué de tics violents, ses yeux lançaient des éclairs et il se mit à répéter compulsivement la même phrase : *alarm, magnetic storm.* On comprit alors que lui aussi n'était autre qu'un répliquant électronique. On s'expliqua ainsi l'étrangeté de son comportement au cours des discussions de la veille, son mutisme général, sa situation toujours au plus près d'une prise électrique, sa répétition servile de l'avis du président. Lorsque la tempête magnétique se fut calmée et que Maurice reprit ses esprits, on jura cependant de passer l'incident sous silence, de peur d'avoir à reprendre à zéro toute la procédure.

Ou

Lors de la lecture du verdict, et la libération de Solange finalement prononcée, un incident se produisit. Un individu, discrètement assis au deuxième rang de la salle d'audience, se précipita en direction du box de Solange, trompant la vigilance des gendarmes et tentant de l'étrangler. « *Assassine ! Tu as détruit mon esprit !* ». Faudra-t-il un nouveau procès pour juger RomeoX ?

Telles sont, parmi beaucoup d'autres, quelques-unes des chutes possibles imaginées par l'auteur, sans aucune préférence personnelle, ses circuits neuronaux combinant à loisir les innombrables informations stockées dans sa mémoire électronique. Les lecteurs qui voudraient en savoir plus pourront, s'ils sont déjà équipés d'un cerveau numérique, se brancher sur le circuit *CST* (*Crazy StoryTelling*) ; quant aux autres, et pour une période transitoire expirant le 31 décembre 2024, il leur est possible d'adresser un courriel à l'auteur à l'adresse suivante : ost@fusl.ac.be

Si nous débattions…

- Tuer son propre clone, est-ce un meurtre, un infanticide même, ou la destruction d'une entité non humaine ?
- Quelle définition juridique de l'humanité ?
- Quel est l'intérêt de la procédure des Assises avec des jurés pour la discussion d'enjeux sociétaux ?
- Quelle est la personnalité juridique des robots dotés d'intelligence artificielle ? Quels droits ? Quelles responsabilités ?
- Qu'est-ce que les trois lois d'Azimov ?
- Quelle est la légitimité du clonage humain ?
- Quel avenir pour le posthumanisme ?

Bibliographie sommaire

- P.-J. Delage (dir.), *Science fiction et science juridique*, Paris, IRJS Éditions, 2013.
- M.O'Connell, *Aventures chez les transhumanistes*, Paris, L'échappée, 2018.
- P. Chabot, *Chatbot le Robot*, Paris, PUF, 2016.
- F. Defferrard (dir.), *Le Droit saisi par la science-fiction*, Paris, Mare et Martin, 2016.
- F. Defferrard, *Le Droit selon Star Trek*, Paris, Mare et Martin, 2015.
- *Vers de nouvelles humanités ? L'humanisme juridique face aux nouvelles technologies*, in *Archives de philosophie du droit*, t. 59, Paris, Dalloz, 2017.
- Ph. Ledoux, *Introduction au droit martien. Le premier roman juridique*, Paris, Litec, 2005.

Fortune de mer

Fortune de mer : « tout ce qui peut arriver à un navire sur la mer : une voie d'eau, un abordage, un incendie, un échouement, une tempête violente. Autrefois, cela désignait aussi les pirates » (*L. Le Cunff,* S.O.S. Atlantique, *Paris, Éd. À Bonne, 1956, p. 75) – j'ajoute : aujourd'hui, cela pourrait désigner aussi les pétroliers sous pavillon de complaisance.*

Sauveteurs et naufrageurs, héros et rapaces

Depuis toujours, les histoires de naufrages et d'épaves évoquent des réactions humaines contrastées : tantôt il y est question de naufrageurs, allumant des feux trompeurs sur la côte pour attirer les navires égarés et bientôt piller leurs épaves, tantôt de sauveteurs héroïques, risquant leurs vies pour se porter au secours des équipages en détresse. Il semble que cela se vérifie encore aujourd'hui.

« *Les saint-Bernard de la mer* » : ainsi nommait-on, jusqu'au milieu du XXe siècle, les sauveteurs des îles de Molène et d'Ouessant. On lit dans les *Instructions nautiques :* « au sud-ouest d'Ouessant s'étend un archipel d'îles, un plateau rocheux et de récifs dont il serait imprudent de s'approcher sans pilote ». Si on y ajoute les mauvais vents, les courants violents, les brumes traîtresses, les roches qui affleurent à la surface de l'eau, on comprend que l'endroit ait, de tout temps, nourri la hantise du naufrage. On le qualifiait de « cimetière de navires »; la tradition maritime bretonne ne s'y trompait pas, qui multipliait les aphorismes : « *Qui voit Molène, voit sa peine* », « *qui voit Ouessant, voit son sang* », « *qui voit Sein, voit sa fin* ».

C'est dans ce coin sauvage que s'écrivait l'épopée héroïque des sauveteurs bretons, équipages et patrons de ces canots qui, glissant sur leurs rails métalliques aménagés à la sortie des ports, s'élançaient au travers des brisants aux premiers appels de détresse. Ainsi Charles Masson, patron du *Jean Charcot*, décoré de la légion d'honneur pour avoir secouru non moins de quarante-trois navires, de toutes nationalités.

Cette grande tradition était accordée à la dure loi de la mer et ne se discutait pas[1]. Elle avait justifié hier le sacrifice de ces marins qui affrontaient des creux de 5 à 6 mètres sur des canots munis seulement d'avirons et d'un bout de toile; elle conduirait bientôt à la mise en place d'un réseau serré de phares, balises et bouées signalant les écueils de ce bout du monde (*finis terrae*) : *Le Four, La Jument, Armen, Créac'h, les Pierres noires,...*

Le progrès venant, le trafic s'intensifiant et le tonnage des navires de commerce ne cessant d'augmenter, l'État français soutint la création de sociétés privées de remorquage et sauvetage de haute mer, dont notamment la célèbre Compagnie des *Abeilles* : des remorqueurs puissants pour l'époque, moteurs sous chauffe permanente et équipages mobilisables à l'instant, prêts à intervenir dès réception des appels *Mayday* ou *S.O.S.* Brest garde encore le souvenir vif de l'épopée de l'*Iroise*, et de son légendaire patron, Louis Malbert, ancien

1. Pour une version moderne de cette épopée, on lira avec intérêt l'ouvrage de Jean Bulot, capitaine de L'*Abeille Flandre* : *Remorqueurs de haute mer et de sauvetage*, Douarnenez, Éd. de l'Estran, 1985.

cap-hornier, surnommé « le vieux torcheur », qui arracha plus de 3000 marins à la mer déchaînée. Roger Vercel s'en inspira pour écrire, en 1935, son célèbre roman *Remorques.*

Mais l'univers du remorquage ne compte pas que des héros de légende ; il est aussi parfois celui des mercenaires de l'ouragan.

Appâtés par le régime juridique qu'on dira – une vraie loterie ayant pour enjeu le navire lui-même et sa cargaison –, les patrons de remorqueurs avaient tendance à se comporter comme des prédateurs à l'affût de leur proie : stationnés dans les ports océaniques, au plus près des théâtres les plus dangereux, ils étaient prêts à s'élancer au premier appel de détresse. La concurrence étrangère était vive : les Hollandais et les Allemands notamment alignaient de puissantes unités à Brest et à Cherbourg. Ainsi, la *Bugsier Reederei,* armement de Hambourg, disposait, dès les années 1930, de remorqueurs de plusieurs nœuds plus rapides que l'*Iroise.*

À chaque S.O.S., c'était une course sur le bateau en détresse, un *rush* de remorqueurs ; la curée de vautours de la mer autour de la carcasse du navire naufragé.

Pour emporter le marché, certains n'hésitaient pas à tricher sur leur position et l'heure d'arrivée sur zone. Et même s'ils rataient leur proie et arrivaient en second, ils restaient à l'affût, à proximité du convoi, au cas où la remorque du concurrent casserait, ce qui arrivait assez souvent. Parfois, au contraire, assuré d'être seul sur le coup, le remorqueur ne se pressait pas trop, question d'augmenter le sentiment des périls et de faire monter les enchères.

De leur côté, les capitaines des navires assistés n'étaient pas à l'abri de tout reproche : une fois le danger passé, certains n'hésitaient pas à minimiser les services rendus, contestant avoir été réellement en état de détresse. Dans les bureaux feutrés de l'arbitrage maritime londonien, l'armateur soutenait alors que son capitaine avait seulement sollicité un coup de pouce, un remorquage provisoire, le temps de se mettre à l'abri.

Révélateur de cette situation, un épisode est resté dans toutes les mémoires, qui a poussé cette « guerre des remorqueurs » à un point véritablement paroxystique. Le 5 janvier 1933, le paquebot *Atlantique*, fleuron de la marine marchande française, prend feu au cours d'un voyage technique, heureusement sans passagers. Ravagé par les flammes, il est bientôt abandonné par son équipage à 22 *milles* de Guernesey. Dès réception de l'avis de détresse, une meute de remorqueurs se met en chasse : il y a des Français, bien entendu, dont le vieil *Iroise*, et non moins de quatre navires de la compagnie *Abeille*, mais aussi trois Hollandais partis de Flessingue, et deux Allemands, dont le très puissant *Seefalke*, alignant 4000 chevaux. Tous se ruent sur l'épave pour tenter de passer leurs câbles. Celui qui passera le premier sa remorque prendra du même coup une hypothèque sur le navire ; c'est que, brûlante encore, la carcasse vaut toujours plusieurs millions.

Les journaux de l'époque se feront l'écho de la violence des opérations : dans un chassé-croisé infernal, les remorqueurs se coupaient la route à quelques mètres du paquebot à la dérive, malmené par la mer, très forte à ce moment. L'un d'entre eux réussissait-il à passer sa remorque, qu'un autre croisait à pleine vitesse sur celle-ci et la coupait. Arriva même le moment où le navire, toujours la proie des flammes, fut tiré à hue et à dia, deux Hollandais s'échinant sur l'avant, et un français sur l'arrière.

Tous les coups semblaient permis dans cette lutte sans merci. À un certain moment, le combat prend même l'allure d'un abordage : des hommes montent à bord, hissent le pavillon de leur nation, au milieu des tourbillons de fumée, tournent une amarre sur une des bittes du paquebot. Un marin français sera grièvement blessé en tentant de monter à son tour à l'abordage lorsque son remorqueur, poussé par un coup de mer, vint heurter violemment la coque du paquebot. Lorsqu'enfin le calme revint et que l'épave doubla les jetées de Cherbourg, toujours escortée de sa nuée de remorqueurs, les curieux purent dénombrer non moins de quinze remorques coupées le long de son bordage, – signe incontestable de l'âpreté des combats livrés au cours des heures précédentes.

Un détour par le régime juridique du remorquage et du sauvetage en mer s'impose pour comprendre la férocité de cette concurrence. On rappellera d'abord que le principe de libre navigation n'a cessé de s'imposer comme règle suprême du droit maritime : accordé à la fois à la liberté qu'évoque toujours la haute mer – *mare liberum* – et à la liberté de commerce et de mouvement que les marins incarnèrent de tout temps, et la nation anglaise par excellence à la modernité, ce principe réduisait à peu de chose les interventions des États côtiers et des nations portuaires. À son tour, ce principe était renforcé par la confiance immémoriale placée dans la personne du capitaine, tenu pour maître à bord après Dieu. Dans ce contexte, les naufrages, nombreux, relevaient de la fatalité naturelle et des coups du sort individuels ; ils pouvaient présenter un caractère tragique, mais jamais l'aspect d'une catastrophe industrielle imputable à un système collectif. Une avarie survenait-elle, un naufrage menaçait-il, l'affaire restait privée encore, tout dépendant de l'appel de détresse lancé par le capitaine et de la convention de droit privé que, volontairement, il souscrivait, après négociation le cas échéant. Encore une fois, l'État côtier n'intervenait à aucun titre – seuls étaient en jeu le navire et sa cargaison, sans qu'il eût à redouter un dommage pour lui-même, un risque de pollution par exemple. On ne s'étonnera donc pas que, jusqu'il y a peu, le droit maritime soit resté un droit privé pour les navires (leurs équipages, leurs armateurs) et très peu un droit public de sécurité collective.

Revenons à la question de l'assistance et du sauvetage[1]. Certes, lorsque des vies humaines étaient en jeu, le devoir de

1. J. Dutheil de la Rochère, « Les réactions de l'O.M.C.I. au désastre de l'*Amoco Cadiz* », in *Annuaire français de droit international,* vol. 24, 1978, p. 755 ; F. Bonnieux et P. Roinelle, *Catastrophe écologique et dommages économiques,* Paris, Éd. Inra et Economica, 1991 ; R. Rodière et M. Rèmond-Gouilloud, *La Mer, droit des hommes ou*

leur porter assistance s'imposait. Cette règle indiscutable, issue de la grande tradition des gens de mer[1], prend la forme, dans le droit contemporain, d'une obligation pénalement sanctionnée pour les personnes privées, et d'une mission de service public pour les autorités. Mais cet aspect mis à part, et même s'il n'est pas aisé de les distinguer concrètement, l'assistance portée au navire en détresse, en vue du sauvetage du bâtiment et de sa cargaison, relevait d'un tout autre registre, dont on a déjà vu les effets sur le terrain. On entrait cette fois dans une logique de négociation contractuelle purement privée qui, dans certains cas, prenait l'aspect d'une loterie spéculative – le *Times* dira même, à propos du naufrage de l'*Amoco Cadiz*, dont on s'apprête à raconter l'histoire, qu'il s'était agi d'une *jungle* où tous les coups étaient permis[2]. À la décharge des compagnies de remorquage, il faut rappeler aussi que, toujours selon la tradition maritime, l'armateur du navire en détresse pouvait se libérer, même de sa faute personnelle, en faisant abandon de l'épave. La valeur du navire était isolée dans son patrimoine, c'était la *fortune de mer*, livrée au sort, lancée dans la roulette d'un casino.

Les assureurs londoniens mirent un peu d'ordre dans ces pratiques en généralisant l'usage d'un contrat d'assistance standardisé, le très célèbre *Lloyd's standard form of salvage agreement, No cure no pay (universellement connu sous le nom Lloyd's Open Form)*. Dans les faits, cet accord se conclut informellement, – on devine aisément pourquoi –, par échange verbal, par signaux ou par radio : l'assistant s'engage à tout mettre en œuvre pour porter assistance et secourir le navire demandeur d'assistance, étant entendu que la

proie des États ?, Paris, Pedone, 1980 ; N. Reuter, *La notion d'assistance en mer*, Paris, Librairies techniques, 1975, p. 248.

1. Une bulle du pape Pie V avait rendu ce devoir moral obligatoire sous peine d'excommunication. Merci à Jacques Blanken pour cette précision.

2. M. Baily, *Le Times* du 22 juin 1978 : « *Amoco Cadiz*, how private is a public disaster : the world of salvage is a jungle. »

rémunération accompagne exclusivement le succès. En cas d'échec, aucune rémunération n'est payée ; en cas de succès, celle-ci sera déterminée ultérieurement, soit à l'amiable, soit à l'intervention de juges ou d'arbitres londoniens. Elle sera fonction de multiples facteurs, dont, notamment, la valeur des biens sauvés, les risques encourus, les difficultés rencontrées, les dépenses exposées ou encore le caractère professionnel de l'assistant (on comprend que l'entretien d'une flottille de remorqueurs performants et le paiement de leur équipage représentent des sommes considérables). Le caractère aléatoire de l'entreprise est compensé par le montant généralement (très) avantageux de la rémunération, calculée notamment en proportion de la valeur de la cargaison sauvée du naufrage. Précision qui s'avérera importante dans notre affaire : on admet que le capitaine du navire en difficulté puisse opposer un refus à une offre d'assistance (il doit pouvoir se défendre à l'égard des pilleurs d'épave), mais encore faut-il que ce refus soit jugé « raisonnable », eu égard aux circonstances, par les juges ou arbitres appelés à se prononcer dans la suite.

L'alternative au contrat d'assistance *Lloyd's Open Form* consiste dans un contrat de simple remorquage, comme on en passe pour le convoyage ordinaire d'un navire promis à la casse par exemple, convention beaucoup moins onéreuse, car moins aléatoire, la rémunération se calculant forfaitairement en proportion du nombre de jours prestés. On verra que cette alternative assistance/remorquage sera au cœur des négociations qui s'avéreront si dommageables dans le cas de *l'Amoco Cadiz*. Toujours est-il que la convention, quelle qu'elle soit, est passée dans des conditions exceptionnellement difficiles, dans lesquelles les protagonistes ne mesurent pas nécessairement la réalité de la situation (combien de capitaines en avarie ou détresse au large de la Bretagne ne disposaient même pas des cartes détaillées des parages ?), et où les deux parties sont sans doute tentées de minimiser ou, au contraire, d'amplifier les services réellement rendus. Encore une fois, il reviendra aux juges ou aux arbitres d'apprécier, après coup, si la convention s'analysait comme une prestation d'assistance exceptionnelle ou de remorquage ordinaire : on se demandera si, au regard de la météo et des courants, de la gravité des avaries, de la proximité de la côte ou des récifs, le navire était, oui ou non, réellement en danger de se perdre.

Tel était le régime juridique en vigueur et l'état des pratiques à la veille des événements qu'on s'apprête à relater.

15 mars 1978

19 h 15 : Pasquale Bardari, capitaine de l'*Amoco Cadiz*, est monté sur la passerelle. La quarantaine avantageuse, il s'est spécialisé dans les pétroliers géants ; l'enquête ultérieure révélera cependant qu'il ne dispose pas d'un diplôme d'enseignement secondaire. Il a quitté le Golfe persique cinq semaines plus tôt, le 7 février, cuves pleines, à destination de Rotterdam, après une escale prévue dans le sud de l'Angleterre, à *Lymebay*, pour vider partiellement ses citernes, en vue des eaux peu profondes de la Manche qu'il atteindra demain.

L'*Amoco Cadiz*, construit quatre ans plus tôt par un chantier espagnol, est un *supertanker* conçu pour transporter du pétrole brut du golfe Persique vers l'Europe. Il mesure 334 mètres de long et jauge 109 000 tonneaux, avec une capacité de port de 233 000 tonnes, soit la longueur de la tour Eiffel et trente fois son poids, – l'équivalent, à pleine charge, de 9 000 camions citernes. Le statut juridique du navire est complexe : battant pavillon libérien (un pavillon de complaisance), il est, formellement, la propriété de *Amoco Transport Cy*, société de droit libérien (dont le siège est aux Bermudes), mais il est géré par la société *Amoco International Oil Cy* (AIOC) dont le siège est à Chicago. Dans la réalité, ces deux sociétés sont totalement dépendantes d'une autre société américaine, la *Standard Oil Cy*, comme l'établira plus tard la justice américaine. Cette dernière forme avec ses filiales un groupe pétrolier et chimique d'importance mondiale totalement intégré[1]. On précisera encore que la cargaison de fuel lourd transporté est la propriété de la société hollandaise *Shell*. La *Standard Oil* avait, dans l'urgence, commandé *l'Amoco Cadiz* et trois *sister ship* à un chantier espagnol en 1974 lorsque le canal de Suez s'est fermé à ce type de transport et que le manque à gagner menaçait; il s'était agi de contourner l'Afrique avec des bâtiments les plus volumineux possibles.

En cette soirée du 15 mars, Bardari est soucieux : les problèmes de son appareil à gouverner s'aggravent et le baromètre accuse une chute brutale alors même qu'il s'apprête à rentrer dans les eaux dangereuses du couloir d'Ouessant. À vrai dire, des fuites d'huile dans le système du gouvernail étaient apparues dès les premières heures du voyage. Comme l'enquête l'établira plus tard, Bardari avait signalé l'incident à sa direction de Chicago dès le 7 février, mais il lui fut répondu qu'ils n'avaient pas le temps pour se dérouter et qu'ils pourraient bien réaliser une réparation de fortune en cours de traversée. Et voilà maintenant qu'à deux reprises déjà le gouvernail avait cessé de répondre à la barre; par prudence, on avait allumé les deux feux rouges superposés signalant qu'on n'était plus manœuvrable – il était 19 h 30 à la hauteur environ de l'île d'Yeu. Tel fut du moins le témoignage du capitaine de l'escorteur de la marine nationale française, *Le Basque*, qui rapporta avoir croisé ce soir-là « un » pétrolier non manœuvrant à la hauteur de l'île d'Yeu.

1. Dans un entretien, Corinne Lepage, avocate associée au procès de *l'Amoco Cadiz* et future ministre française de l'environnement, déclare ceci : « À l'époque de l'*Amoco Cadiz*, les compagnies pétrolières étaient propriétaires de leurs flottes. Elles s'étaient organisées avec des sociétés de complaisance qui étaient formellement propriétaires des bateaux. Elles pensaient qu'en cas de pépin, la société de complaisance serait jugée responsable. Après la décision américaine, elles ont vendu leurs flottes et ont pesé pour que le coût du fret diminue. Pour cela, elles ont eu recours à des bateaux en mauvais état et sous payé les équipages. L'*Erika* est le résultat de cette transformation dans le transport pétrolier ».

Contacté par VHF, ce pétrolier déclara cependant que tout était sous contrôle. On ne put jamais apporter la preuve irréfutable que le bâtiment croisé ce soir-là par l'escorteur était l'*Amoco Cadiz*, mais les présomptions sont accablantes.

19 h 50 : Jean Le Garrec, pêcheur retraité à Portsall, petit port du nord-ouest du Finistère, s'apprête à faire sa tournée du soir. Le temps est venteux et maussade, mais pour rien au monde il ne manquerait son rendez-vous quotidien avec l'océan. Depuis qu'il a mis son sac à terre, il est devenu, comme il le dit lui-même, un cueilleur, un pêcheur à pied, un promeneur du littoral. Ce n'est pourtant pas aujourd'hui qu'il trouvera des ormeaux le long des longues chaussées rocheuses, la mer est décidément trop violente. Mais, quoi qu'il en soit, c'est toujours la même ivresse océane, les poumons remplis de senteurs marines et les yeux là-bas, plus loin, à l'horizon de sa chère mer d'*Iroise* dont il connaît par cœur tous les cailloux.

20 h 05, Jacqueline Arzel, femme du maire de Ploudalmézeau, descend de son grenier son matériel de peinture. Amoureuse des paysages de Bretagne, elle se réjouit des journées de printemps qui s'annoncent; demain elle ira planter son chevalet au-dessus de la falaise, et déjà elle pense au dégradé de tons que lui inspireront les ciels de giboulées.

20 h 20 : Hartmut Weinert, patron du remorqueur allemand *Pacific*, basé à Brest, fait le point avec son second. Après une révision bienvenue suite aux tempêtes d'hiver, le *Pacific*, remorqueur moderne de 10 000 chevaux, filant 15,5 nœuds, a reçu de sa société mère, la *Bugsier Reederei* que nous connaissons déjà, un ordre de mission de remorquage en Manche pour demain matin. Marin expérimenté, – il a plusieurs sauvetages à son actif, Weiner est heureux de reprendre la mer.

22 h 00 : Yann Le Goff, professeur de droit maritime à l'Université de Brest, révise ses notes de cours du lendemain. Par la fenêtre de sa maison de Porspoder, perchée sur la falaise, il compte mentalement les cinq éclats blancs du phare du *Four*, par instants masqués par le crachin et

les embruns. Le cours de demain est consacré à l'assistance en mer. C'est le cours de l'année qu'il préfère : après avoir exposé les principes classiques qu'on a dit (liberté des mers, confiance dans la sagesse du capitaine, caractère privé de la convention d'assistance), il s'apprête à démontrer que ces règles ne sont plus à la hauteur des risques industriels, causés par le transport d'hydrocarbures notamment. Il exposera les circonstances du naufrage du *Torrey Canyon* le 18 mars 1967 au large des îles Scilly : le vent d'ouest avait poussé les 117 000 tonnes de pétrole de ses soutes éventrées sur les côtes bretonnes, causant la première grande marée noire dans la région. Le 24 janvier 1976, il y avait à peine deux ans, c'était au tour de l'*Olympic Bravery,* pétrolier de 275 000 tonnes, de s'échouer sur la côte nord d'Ouessant : tombé en avarie de machine et poussé par un vent d'ouest de force 8, le navire s'échouait sans avoir à aucun moment demandé l'assistance des autorités françaises.

Ces naufrages à répétition, et leurs conséquences catastrophiques à l'échelle d'une région entière, démontraient à suffisance la nécessité d'une refonte radicale des principes en vigueur. Du reste, expliquerait-il, deux Conventions très nouvelles avaient été négociées à Bruxelles au lendemain du naufrage du *Torrey Canyon;* la première, datée du 29 novembre 1969, donne pour la première fois aux États la possibilité d'intervenir, sans la sollicitation ou l'accord du capitaine et même en dehors des eaux territoriales, en cas de danger grave et imminent de pollution par les hydrocarbures. La seconde Convention, datée du même jour, établit, pour la première fois également, la responsabilité objective (sans faute) des propriétaires des navires pétroliers transportant des hydrocarbures; elle rend par ailleurs obligatoire la couverture de ce type de transport par un système d'assurance, néanmoins plafonné à un montant maximal.

Le professeur Le Goff anticipait l'intérêt que ses étudiants porteraient à ce point du cours; ainsi donc, le droit pouvait, au moins dans certains cas, accompagner le mouvement social et fournir des solutions originales. Oui, sans doute,... sur le papier des conventions, sous les ors des palais où ces textes se négociaient..., mais l'enseignant était assez frotté à la pratique pour anticiper les limites de ce genre d'instruments. Fallait-il les énumérer, au risque de plomber l'enthousiasme de ces juristes en herbe ? Un, deux, trois éclats blancs,... le quatrième et le cinquième avaient été avalés par le crachin qui redoublait. Mais, nulle crainte, depuis un siècle maintenant, le vaillant phare en avait vu d'autres...

Oui, se disait Le Goff, les étudiants ont le droit à la vérité : aussi méritoires soient-elles, ces Conventions étaient loin d'embrasser le problème dans toutes ses dimensions[1]. Quelles limites ? Il le demanderait aux étudiants, question d'aiguiser leur imagination et leur sens critique ; il s'en trouverait certainement un parmi eux, mieux renseigné, qui ferait valoir que, dans l'affaire du *Torrey Canyon* précisément, la Convention de Bruxelles ne s'appliquait pas car le pétrole qui s'en était échappé provenait non des citernes du navire, mais de ses propres soutes à carburant – hypothèse non prévue par le texte. Un autre pourrait rappeler que dans le drame tout récent du *Boehlen* qui, en novembre 1976, s'était échoué lui aussi sur les côtes bretonnes, les frais de lutte contre la pollution, qui s'élevaient à 150 millions de francs, n'avaient pu être recouvrés, le bateau battant pavillon est-allemand, nation qui n'était pas partie à la Convention. Le juriste se disait aussi, à part lui, que si le dommage se produisait en dehors des eaux territoriales, mais dans une zone poissonneuse où opéraient les marins français, la Convention ne serait non plus d'aucune utilité (à ce moment il ne pouvait prévoir que l'hypothèse se produirait bientôt, en avril 1979, lorsque le pétrolier libérien *Gino* répandit 42 000 tonnes de pétrole bitumeux dans une riche zone de pêche au large d'Ouessant).

Il était minuit maintenant, l'heure des braves ; le cours serait bon, Le Goff en était convaincu au moment de se

1. M. Rèmond-Gouilloud, « Leçons d'un naufrage. À propos de l'indemnisation des victimes de l'*Amoco Cadiz* », in *Recueil Dalloz-Sirey*, 1979, Chron. XX, p. 133 s.

mettre au lit, l'esprit plein de tempêtes, de phares et de remorqueurs.

16 mars

Alors que l'*Amoco Cadiz* taille sa route dans une mer très forte, à 7,5 milles d'Ouessant, le timonier alerte l'officier de quart : « la barre ne répond plus ». Il est 9 h 45. Une minute plus tard, c'est la salle des machines qui appelle la passerelle : « le gouvernail est définitivement hors service ». Plus tard, un marin italien déclarera au juge d'instruction : « la fuite d'huile s'aggravait; j'ai tenté de l'arrêter, mais à un moment une pièce a lâché, et un jet m'a envoyé à 2 mètres de là. Nous avons arrêté la première pompe à huile et mis la seconde en service. Mais le circuit était unique et toute l'huile s'est vidée ».

Voilà donc le pétrolier géant privé de direction, en bordure du rail montant d'Ouessant, à quelques encablures des récifs, avec un vent violent d'ouest le drossant inexorablement vers la côte. Alerté à son tour, le commandant Bardari se décide à envoyer un message de sécurité TTT sur 500 kHz : « je suis non manœuvrable, tenez-vous à distance » – message plutôt banal représentant le premier degré dans l'échelle codifiée des incidents de mer.

Ensuite Bardari se décide à appeler ses patrons à Chicago (Chicago, notons-le bien, le siège de la *Standard Oil*, et non les Bermudes, siège de son armateur nominal, *Amoco Transport*). Mais en raison du décalage horaire, il n'atteint que le stagiaire de garde; celui-ci lui recommande d'appeler, à Gênes, le représentant européen de la Compagnie. Le stagiaire promet cependant de contacter le *lawyer* de la Compagnie, M. Philips.

Appelé entre-temps, le bureau de Gênes reste muet, et la situation s'aggrave.

Finalement Bardari établit le contact avec le *lawyer* de Chicago :

— Quoi, encore ces ennuis de gouvernail?

— Cette fois, c'est sérieux, la barre est bloquée sur bâbord et la tempête nous pousse vers la côte.

— Écoutez, chaque jour de retard nous coûte 27 000 dollars; on vous enverra demain à *Lyme bay* une équipe de techniciens.

— Mais puisque je vous dis que je ne suis plus manœuvrant; il me faut des remorqueurs.

— Soit, mais faites très attention aux termes que vous utilisez dans vos messages; ne parlez jamais de détresse, seulement de remorquage. Dites bien que vous vous activez à réparer la panne. Méfiez-vous de ces compagnies de naufrageurs qui rôdent dans ces eaux étroites de la Manche (il avait dit *wreckers*, littéralement « naufrageurs »). Et aussi, évitez à tout prix l'intervention des services publics français; en théorie, depuis la nouvelle Convention de Bruxelles, ils auraient le droit de vous prendre en charge sans même que vous le demandiez. Allez, *Good luck* !

Facile à dire, avait dû penser le commandant Bardari, quand on sirote un café dans un bureau feutré de Chicago; n'empêche, il tenait son autorisation. Il était temps : sous l'effet conjugué du courant et du vent, l'*Amoco* s'est mis en travers de la lame et dérive droit sur la côte. Le message d'urgence, cette fois codé XXX, est envoyé à 11 h 20 : le pétrolier demande l'assistance d'un remorqueur.

Le remorqueur le plus proche, c'est une chance, n'est distant que de 13 milles; nous le connaissons déjà, il n'est autre que le *Pacific* de la compagnie allemande *Bugsier*, commandant Weinert, qui venait d'appareiller pour le nord, et qui se déroute dans les minutes qui suivent la réception de l'appel. À ce moment, un seul remorqueur français était disponible, le *Malabar*, de la marine nationale, mais il était beaucoup plus éloigné, et, développant seulement 4 600 chevaux, il n'était pas de taille à remorquer un *supertanker*.

Huit minutes plus tard, le commandant Weinert prend pour la première fois contact avec l'*Amoco*. Rassurant, il annonce son arrivée sur zone dans les quarante minutes. Et en professionnel expérimenté, Weinert tente d'évaluer le risque et la nature de la manoeuvre qu'il s'apprête à effectuer qui, en toute hypothèse, ne sera pas une sinécure : quel est le tonnage du pétrolier, navigue-t-il chargé ou sur ballast, quelle est la nature de l'avarie, ses machines répondent-elles encore ?

— 223 000 tonnes de brut ? Jamais aucun remorqueur au monde n'a remorqué un pétrolier non manœuvrant aussi lourdement chargé et dans des conditions pareilles (la météo annonce des rafales de 8 à 10 pour l'après-midi). Dans ces conditions, j'interviens sur la base du *Lloyd's Open form*, vous êtes dans une situation de détresse.

Bardari n'est pas certain d'avoir compris, son anglais est approximatif et la communication est difficile au milieu des éléments déchaînés. Il demande à Weinert de patienter, il doit en référer à Chicago. Entre-temps le *Pacific* a contacté Hambourg, le siège de son armement.

— Peu importe les hésitations du capitaine, lancez-lui votre remorque, le poisson est ferré. Insistez bien sur la clause *no cure no pay* dans tous vos messages, et transmettez-les aussi à la station française du Conquet pour l'officialiser. Vu ce que vous me dites des circonstances, l'*Amoco* est objectivement en situation de détresse. Il est probable qu'avec vos 10 000 chevaux vous n'y arriverez pas ; on vous envoie le *Simson* qui croise au large de Cherbourg – avec ses 16 000 chevaux vous devriez le tirer de là.

À 12 h 08, le contact visuel est établi entre les deux navires ; du moins le *Pacific* devine-t-il la masse du pétrolier dans les rouleaux ; pris par le travers, l'*Amoco* accuse une gîte importante sur bâbord.

À ce moment, Weinert demande pour la deuxième fois à Bardari s'il accepte la convention *LOF ;* ce dernier, embarrassé, se contentera de donner les coordonnées de son armateur à Chicago. « Je ne suis que le capitaine », dira-t-il, « le patron se trouve à Chicago » – déclaration qu'il répétera, mot pour mot, au juge d'instruction français. « Je ne suis pas en situation de détresse », poursuit-il, « lancez-moi votre remorque, vous me redressez et vous me remorquez jusqu'à *Lymebay* où je suis attendu demain ».

Weinert n'en croit pas ses oreilles, mais il n'est pas temps de discuter, le vent de nord-ouest fraîchit encore, et les brisants menacent à quelques milles. Il quitte le local du radio et prend le commandement de la manoeuvre sur la passerelle arrière. Il s'agit de passer à quelque 30-40 mètres de l'arrière du pétrolier, et à l'aide du fusil lance-amarre, de lui envoyer la touline qui, une fois hissée à bord, permettra de hâler la très lourde remorque métallique de plus de 15 tonnes.

À 13 h 31, la remorque est enfin tournée sur l'avant de l'*Amoco*. Le *Pacific* commence à tirer lentement, tout en laissant filer 900 mètres de câble, question d'amortir les chocs, très violents en raison des embardées des deux navires. À ce moment, le remorqueur est à 80 % de la puissance de ses machines. Sous l'effort, il vibre de la quille à la pointe du mât. Mais il faut bientôt se rendre à l'évidence : malgré tous ses efforts, le *Pacific* ne parvient pas à étaler la dérive ; les embardées cassent l'erre du convoi et fatiguent la remorque ; insensiblement, les deux navires dérivent vers les rochers de la côte.

En fait, le commandant Weinert ne se fait aucune illusion ; il sait très bien qu'il ne pourra jamais remorquer un pétrolier aussi chargé ; ce qu'il espère, c'est de faire virer le monstre de quelques dizaines de degrés et de l'amener à la cape, face à la lame. Ensuite attendre que passe le coup de vent et tenir sur place jusqu'à l'arrivée du *Simpson*. De son côté, Bardari croit toujours qu'il sera possible de s'en tenir au plan initial et de gagner la côte anglaise où il imagine encore pouvoir être réparé. Durant toute la négociation, il y aura finalement peu de contacts directs entre les deux capitaines ; Bardari, visiblement, privilégie les contacts avec Chicago, et les deux hommes semblent chacun agir en fonction de leur appréciation personnelle de la situation. Si le pétrolier avait soutenu la manoeuvre avec ses machines, le virage sur tribord aurait peut-être été possible, mais jusque tard dans l'après-midi Weinert ne saura même pas si les moteurs du pétrolier étaient en état de marche.

Un fait est cependant établi : à aucun moment de la manoeuvre, les autorités françaises n'ont été avisées de la gravité de la situation ; *a fortiori* leur aide n'a-t-elle pas été sollicitée – tout restait l'affaire personnelle des équipages sur le terrain, et, par-dessus leurs épaules, un contrat privé entre leurs employeurs respectifs. Pour le reste, continuait à prévaloir la confiance mise dans le jugement du capitaine, seul juge de la situation.

À 14 h 35, alors que Weinert se fait plus pressant, Bardari oppose un nouveau refus du contrat *LOF*. Plus tard, le capitaine italien prétendra même que Weinert se serait montré menaçant : ce serait à ce moment qu'il aurait transformé la nature du contrat (de remorquage en assistance), menaçant de ne plus tirer s'il n'obtenait pas satisfaction – en fait, en patron expérimenté, Weinert réduisait parfois l'allure pour soulager la remorque soumise à une terrible tension à chaque embardée. Contacté par radio à Hambourg, le patron de la *Burgier* s'énerve : « Je me fous des hésitations de cet enfoiré d'américain (*dieser bastard Yankee*). Depuis une heure vous le remorquez maintenant ; le capitaine italien a accepté tacitement le contrat. Il peut toujours prétendre que ce n'est pas de l'assistance, mais les arbitres diront évidemment qu'il était objectivement en détresse. Tenez bon le plus longtemps possible, le *Simson* devrait être sur place vers 23h ».

Sur une nouvelle proposition du contrat *LOF*, Bardari, qui n'a toujours pas obtenu le feu vert de l'armateur américain, oppose un refus énergique. Les enregistrements des contacts radio reproduits au procès attestent qu'à 15 h 15 encore il aurait dit trois fois non : « non, non et non ». Weinert, de son côté, officialise sa position en lui envoyant ce message, cette fois, par le biais de Radio-Conquet : « Je vous confirme que les services sont rendus sur la base du contrat de sauvetage *LOF, no cure, no pay* ».

Il faudra finalement attendre 16 h pour que Bardari se rende à l'évidence et accepte la convention ; en même temps, il signale au *Pacific* que ses machines sont toujours en état de fonctionner. Une vraie collaboration va-t-elle enfin s'établir entre les deux navires ? Encore faudrait-il que les circonstances le permettent. Or, à ce moment, les conditions se sont encore dégradées : le vent du nord-ouest s'est maintenant établi à force 9 et les creux font 8 mètres au moins. Balayée par ce vent de tempête, l'écume fait de longues traînées blanches à la surface des lames qui courent vers le rivage. La mer est blanche à perte de vue. Le déferlement des rouleaux est intense et brutal, s'abattant sur le *Pacific* dans un bruit infernal. La visibilité se réduit et, dans les violentes averses sous les grains, les deux navires se perdent de vue par moments.

Et finalement, à 16 h 18, la remorque d'acier casse net ; brusquement libéré, le remorqueur se cabre dans la vague. Tout est à recommencer, alors que la côte se rapproche et que la renverse du courant va bientôt s'opérer. Bardari décide alors de mettre ses moteurs en route et de faire machine arrière, malgré le blocage de son gouvernail. Weinert rejoint à nouveau la passerelle arrière pour commander la délicate manoeuvre de récupération des centaines de mètres de la remorque. Les conditions de travail sont devenues dantesques : sur la plage arrière, les hommes ont de l'eau jusqu'à la ceinture ; malgré leur professionnalisme (« une main pour soi, une main pour l'armateur »), ils sont régulièrement projetés contre les treuils et autres engins qui hérissent le pont. Une remorque en nylon de 50 mètres est emportée par un paquet de mer, et deux hommes, blessés, sont bientôt hors-service. Dans la tempête qui redouble, c'est une symphonie fantastique qui se déchaîne : hurlement du vent, grincements de la remorque, gémissements des points d'accroche, écroulements des trombes d'eau qui s'abattent sur le pont.

Il faudra attendre 18 h 50 pour qu'une nouvelle tentative de remorquage soit entamée. Cette fois, Weinert est résolu à crocher l'*Amoco* par l'arrière, question de l'éloigner au plus vite du rivage sans avoir à virer. Mais, à nouveau, les deux capitaines ne se comprennent pas ; Bardari insiste pour un remorquage par l'avant. « Pas question », répond Weinert : « J'ai déjà cassé une remorque, la manoeuvre de virage par l'avant a échoué, il faut essayer autre chose. Vous m'aiderez de vos machines une fois le câble en place. Il faut faire vite, le courant s'intensifie d'heure en heure ».

Mais la manœuvre est devenue plus délicate encore : les deux navires se rapprochant de la côte, les fonds ont remonté à 30 mètres et les lames déferlent en permanence. Maintenir les deux navires côte à côte pour le lancement de la touline est aussi dangereux que difficile. Placé à tribord arrière de la gigantesque coque du pétrolier, avec la houle et le vent de plein fouet, le *Pacific* est en position délicate et prend des risques énormes. Ce n'est qu'au cinquième essai que le filin est finalement saisi par les hommes de l'*Amoco* et que la remorque peut être hâlée à l'arrière du pétrolier. Ce point aussi fera débat lors du procès : Weinert reprochera aux hommes de l'équipage italien d'être restés trop longtemps à l'abri et de ne pas avoir mis toute l'énergie nécessaire à la réussite de la manœuvre.

Pour la deuxième fois de la journée, le remorquage est entamé, mais de précieuses heures ont été perdues, et la fin inéluctable se rapproche. C'est d'ailleurs à ce moment, il est 19 h 56, qu'un premier contact visuel est établi avec la côte. Le sous-patron du canot de sauvetage de Portsall alerte par téléphone Radio-Conquet et lui signale qu'il aperçoit « un feu à environ 2 milles de Portsall ».

... 2 milles, beaucoup trop près du rivage ; un navire de gros tonnage n'a rien à faire à cet endroit, hérissé de rochers.

Huit minutes plus tard, Bardari tente une manoeuvre désespérée : il mouille son ancre dans l'espoir de limiter la dérive ; il laisse filer 240 mètres de chaîne, mais il sera dit que rien ne devrait réussir au cours de cette fatale journée : le guindeau, sous le poids de la chaîne et le choc des déferlantes, est arraché du pont et l'ancre devient inutilisable.

Il est 21 h 05 lorsque le pétrolier, qui, à pleine charge fait 19 m 80 de tirant d'eau, talonne une première fois ; cinq minutes plus tard le contact radio est rompu. Encore une demi-heure, il talonne une deuxième fois et est arrêté définitivement. Les premières fusées de détresse sont lancées, tandis que les soutes, éventrées, commencent à vomir leur fioul. La marée noire a commencé. Une heure plus tard, la gendarmerie de Ploudalmézeau (la commune de Portsall) signale une forte odeur de pétrole.

Jean Le Garrec, malgré le temps épouvantable, a capelé son ciré et entame sa promenade quotidienne. La mer démontée a rejeté, loin au-delà de l'estran, quantité de bois flottés et des paquets de goémon. Soudain, l'oreille avisée du vieux marin perçoit un bruit inhabituel au travers des hurlements des rafales, comme un raclement sinistre, le râle d'un monstre pris au piège. Là-bas, au large, à quelques encablures, il devine les feux d'un pétrolier et sa carcasse qui se tord, comme un hideux *Béhémoth*. Bientôt, éclairé par les projecteurs du *Pacific*, le spectacle se dévoile dans toute son évidente horreur; les bruits sinistres des tôles qui se déchirent ne laissent aucun doute sur la suite, et déjà les embruns qui éclatent sur les flancs éventrés du navire s'irisent de pétrole.

Le *Pacific* tente encore désespérément de déséchouer le pétrolier en continuant de tirer de toute la force de ses moteurs, mais la remorque casse à nouveau quelques minutes plus tard. Weinert, qui aperçoit à la jumelle tout l'équipage italien groupé sur la passerelle, se résout alors à demander un treuillage par hélicoptère.

Entretemps, le canot de sauvetage de l'*Aber Wrac'h*, parti une heure plus tôt, est parvenu sur place, mais les déferlantes l'empêchent d'approcher; de son côté le *Simson* aussi est arrivé sur zone, bientôt rejoint par le *Malabar*, mais les deux remorqueurs, impuissants désormais, ne pourront que constater l'agonie du monstre. L'énorme épave du pétrolier se dresse désormais face à la côte tel un monstrueux doigt d'honneur. Battu par les lames, son château arrière est souillé de pétrole jusqu'à la passerelle comme au lendemain d'une ignoble beuverie.

Au matin du 18 mars, la Bretagne se réveille avec la gueule de bois, *shootée* au mazout, orpheline, souillée et comme violée. En quelques jours, 220 000 tonnes de brut saoudien, plus les 3 000 tonnes de fioul du pétrolier vont se répandre sur les côtes du Finistère. 400 kilomètres de plages souillées, de Brest à Saint-Brieuc, des dizaines de milliers d'oiseaux mazoutés, toutes les entreprises ostréicoles de la région ruinées. Le plus abject venait de remporter une victoire sur le plus sublime, et c'était comme un immense vertige. On se sentait sali personnellement, atteint dans sa dignité, noyé de tristesse et de honte, comme après un viol précisément.

Jacqueline Arzel, intriguée par l'écœurante odeur de pétrole, se hâte vers le rivage, à quelques dizaines de mètres de sa maison ; avant même de mesurer l'étendue de la catastrophe, ce qui la frappe c'est le silence : le mugissement de la mer s'est éteint et les cris des mouettes ont cessé. Puis elle *voit* et comprend : des vagues noires, trop lourdes pour déferler, des rouleaux qui viennent mourir sur le sable dans une ultime plainte étouffée et visqueuse. Une chape de plomb qui couvre la mer et étrangle le cri dans la gorge. Et, à perte de vue, des roches noircies par le pétrole. Tout était noir et visqueux : le sable, la vase, les galets, les rochers, les algues et les herbiers. La Bretagne en robe de deuil, le littoral frangé de noir, comme un immense faire-part adressé au monde entier. Jacqueline Arzel n'ira pas planter son chevalet au sommet de la falaise.

À 7 h, la sonnerie du téléphone tire le professeur Le Goff de son sommeil : c'est le journaliste de garde de *Ouest France* qui lui apprend le naufrage d'un pétrolier libérien au large de Portsall. On sollicite, à chaud, un premier avis juridique : les pollueurs vont-ils payer cette fois ?

« *Amoco Cadiz*, la colère noire », titre le journal *Le Marin*. Cette fois, on ne laissera plus passer ; cette fois, on ne se contentera plus des bonnes paroles de Paris et des ordres du préfet (après la pollution du *Torrey Canyon*, le ministre de l'intérieur parlait encore de *catastrophe naturelle*), cette fois, les Bretons se mobiliseront et demanderont justice.

Mais, dans l'immédiat, il faut faire face, effacer ce spectacle inacceptable, y croire encore. Alphonse Arzel, maire de Ploudalmézeau, paysan de son état, mobilise ses amis agriculteurs, cette fois solidaires avec les marins : ils seront les premiers dans le cloaque, aspirant le pétrole dans leurs tonnes à lisier. Puis ce seront les bénévoles qui arriveront, de Bretagne, de la France entière, d'autres pays encore : des milliers de volontaires équipés seulement de pelles et de seaux ; une armée de cirés jaunes au travail à chaque marée descendante – « c'était comme vider l'océan avec une petite cuillère ». Entre le 23 mars et fin juin, ce seront non moins de 550 000 journées de travail, prestées par 3 000 à 4 000 personnes en moyenne, volontaires, paysans, fonctionnaires municipaux et militaires.

Affichée à l'entrée de la mairie de Perros-Guirec cette notice : « nous sommes tous des oiseaux mazoutés »... Ce sera au cours de ces mêmes journées, que les plongeurs mandatés par le juge d'instruction de Brest découvriront, dans la salle de gouvernail de l'*Amoco*, une pièce de rechange neuve, un joint torique – précisément le joint qui aurait empêché la fuite d'huile et qu'on n'avait pas pris le temps d'installer.

Le grand jeu de Monopo*i*ly

Quel sens collectif tout cela avait-il ? Qu'arrivait-il à la France, à sa marine, à son littoral ? Pour le savoir, les élus se mobilisent, le Sénat notamment, qui met sur pied une Commission d'enquête qui, en quelques mois, élabore un *Rapport* remarquable. Sa lecture attentive des événements évoque l'idée d'un étrange jeu de société que nous déciderons d'appeler Monopo*i*ly.

Le jeu consiste à transporter par voie maritime, d'un point du globe à un autre, dans un temps minimum et à moindres frais, la plus grande quantité possible de pétrole. Naturellement, le jeu comporte nombre d'embûches et de pièges : tempêtes, récifs sous-marins, pirates, courants violents, avaries, incendies, icebergs, mines immergées... Avant d'entamer une partie, les joueurs doivent attester de leurs compétences, certifiées par des brevets et des licences ; quant aux navires, ils doivent répondre à des conditions de navigabilité qui font l'objet de contrôles réguliers par des sociétés spécialisées. Chaque navire doit nécessairement avoir un pavillon, c'est-à-dire la nationalité d'un État avec lequel il présente un lien réel et qui, en retour, doit être en mesure d'exercer un contrôle effectif, de nature sécuritaire, technique et sociale, à l'égard de ses bâtiments et de leurs équipages. Des conventions multipartites sont régulièrement négociées entre tous les États en vue de mettre au point ces règles minutieuses et de les adapter en fonction des nécessités. Ainsi, par exemple, des nouvelles règles redéfinissent les prérogatives des États côtiers et des États du port à l'égard des États du pavillon en vue de mieux garantir les règles de sécurité. De même, dans les nouvelles versions du Monopoly, de nouvelles conventions améliorent la réparation du préjudice subi par les tiers en raison des catastrophes maritimes.

Telle est du moins la théorie, bien décrite dans le mode d'emploi du jeu. Il se trouve d'ailleurs un certain nombre de joueurs qui pratiquent le jeu dans le respect de ses règles. Mais la vérité nous oblige à reconnaître que, dans la vie réelle, le jeu prend le plus souvent une tournure assez différente. Tout d'abord, le non respect de ses règles n'est guère sanctionné, ou, quand il l'est, le montant des pénalités est très largement inférieur au gain que procure leur transgression. Par ailleurs, les autorités étatiques ou les sociétés privées chargées des inspections ne sont ni très nombreuses, ni très équipées, ni très motivées. Dans ces conditions, on ne s'étonnera pas que les infractions soient plutôt la règle que l'exception.

Du reste, le Monopoly présente cette particularité étrange de compter un très grand nombre de joueurs qui ne se sentent pas du tout liés par les règles du jeu : on les reconnaît aisément au fait qu'ils arborent un pavillon de complaisance, attestant leur rattachement à un État pirate. Ce dernier ne leur réclame quasiment pas d'impôts, n'exige pas de brevet particulier des officiers, ne contrôle guère la navigabilité de ses navires ou confie cette certification à des sociétés complaisantes elles aussi. Les joueurs ne se préoccupent guère non plus des conditions de travail de leurs équipages, embauchés le plus souvent pour une seule traversée et payés des salaires de misère. Il faut préciser aussi que ces joueurs ne craignent pas les accidents : ils ne sont pas très sérieusement assurés, leur responsabilité est plafonnée à des montants très bas, et si, d'aventure, un de leurs navires cause un dommage très important, ils peuvent l'abandonner aux créanciers en dédommagement très partiel de leur préjudice, étant entendu qu'une société distincte est créée par navire (pratique dite du *simple-ship*). On comprend que, dans ces conditions, les flottes des États de complaisance ne cessent de grossir. Même les joueurs réguliers sont tentés, un jour ou l'autre, de rejoindre leurs rangs : c'est que la concurrence devient intenable avec des partenaires à ce point privilégiés.

Tel était l'étrange jeu de société que découvraient, stupéfaits et indignés, les sénateurs français. Des mots étonnants venaient sous la plume des honorables représentants du peuple : « à des normes juridiques relativement précises et contraignantes correspond une situation où, trop souvent, la recherche du profit maximum conduit à l'anarchie, et, en fin de compte, aux catastrophes qu'on connaît »[1]. Les chiffres qu'ils découvraient étaient éloquents : alors que le tonnage de pétrole transporté par mer s'est multiplié par 16 en 40 ans (de 1938 à 1977) et que la capacité de transport des pétroliers s'est multipliée par 10 en 20 ans, un navire sur trois appartient désormais aux flottes des États de complaisance : le Liberia, Panama et Chypre principalement. Fallait-il dès lors s'étonner que, par rapport au taux de perte moyen des sept grands pays maritimes européens en 1976, celui du Liberia soit 19 fois supérieur, celui du Panama 54 fois, et celui de Chypre 97 fois ?... Restait aux sénateurs à en tirer la conclusion logique : « Les flottes sous pavillon de complaisance font courir de graves dangers à la collectivité et menacent l'avenir des flottes traditionnelles ». Et de noter encore : « Même dans le cas de navires récents, il n'y

1. Sénat français, *Rapport du 23 juin 1978*, n° 486, p.142.

a aucune réglementation qui empêche de succomber à certaines tentations. Ne devant des comptes qu'à son armateur, le capitaine peut être tenté de différer une décision ayant trait à la sécurité, et qui, en retardant sa route, diminuerait la rentabilité du transport »[1].

Mais les sauveteurs n'étaient pas encore au bout de leurs surprises; car enfin, on pouvait se demander comment se faisait-il que des joueurs aussi modestes que Chypre ou le Liberia étaient ainsi en mesure de damer le pion aux partenaires les plus puissants? L'affaire de l'*Amoco* allait leur ouvrir les yeux : ils découvraient que les joueurs puissants, appartenant aux grandes nations maritimes traditionnelles, passent des accords avec les passagers clandestins du trafic maritime mondial, créant avec eux des consortium qui permettent de transférer sur leurs comptes leurs propres bénéfices d'exploitation, tirant ainsi le parti le plus avantageux des différences entre les systèmes fiscaux. Ainsi, s'expliquait le fait que le jeu le plus absurde s'avérait parfaitement rationnel et comptait de plus en plus d'adeptes.

Alors on se jura que cela ne devrait plus jamais se reproduire : *plus jamais cela!* Un mandat serait donné aux négociateurs français dans les futures conférences internationales de droit maritime pour exiger un renforcement énergique des prérogatives des États côtiers. Ils devraient pouvoir intervenir d'office, même sans sollicitation; ils réaliseraient des contrôles d'initiative des navires suspects et devraient pouvoir leur interdire de reprendre la mer avant que les réparations soient effectuées. Une application stricte de la toute récente Convention de l'OIT concernant « la protection des gens de mer » (1976) serait mise en place. On régulerait plus sévèrement la délivrance des brevets de navigation et on contrôlerait mieux à l'avenir le travail des sociétés de certification des navires. On exigerait des navires plus sûrs, munis désormais

1. *Ibidem*, p. 159.

d'une double coque et d'un système dédoublé de gouvernail. *On allait voir ce qu'on allait voir.* C'était, dans l'hémicycle, la grande révolution du Monopoɨly[1].

Il reste que, dans l'immédiat, la révolution viendrait de là où on ne l'attendait pas : une nouvelle catégorie de joueurs s'invitait dans la partie et réclamait voix au chapitre pour exiger justice. Figurez-vous cela : des maires de petites communes, contournant le préfet, de simples particuliers contestant le coup joué sous leurs fenêtres par les *freeriders* du Monopoɨly, des militants écologistes contestant la règle du jeu : non, ces accidents ne relevaient pas de la fatalité naturelle, mais d'un système délibéré parfaitement orchestré. Ce fut donc l'épopée des maires Bretons allant réclamer leurs droits jusqu'à Chicago et obtenant finalement justice au terme de 14 ans de procédure[2]. Une société dont le chiffre d'affaires égalait le quart du budget de la France entière allait céder face à la détermination de citoyens en colère. Tout d'un coup, le droit cessait d'être le droit de l'autre, celui du plus fort; il redevenait un outil de changement, une arme qu'on pouvait se réapproprier.

---

1. Le *Rapport* comporte par ailleurs une importante série de résolutions concernant l'organisation strictement française de la prévention des accidents de mer : ainsi, par exemple, la décision de rééquiper les grands ports de remorqueurs modernes de haute mer, ou encore l'éloignement du rail d'Ouessant de plusieurs milles vers le large.

2. Non que la justice française ait démérité; les quelques mois de procédure, pénale notamment, menées devant les juridictions françaises ont permis de rassembler un certain nombre d'éléments de preuves qui s'avéreront très précieux dans la suite. C'est plutôt que, en raison de la limitation des plafonds de responsabilité en France, le recours porté à Chicago s'avérait nettement plus prometteur, comme la suite allait le montrer. De plus, la proximité du siège social des entreprises concernées s'avérerait également un calcul judicieux. Enfin, aurait-on obtenu une condamnation en France, encore eût-il fallu plaider ensuite à l'étranger en vue d'obtenir l'*exequatur* de la décision française.

Ce furent des semaines intenses de solidarité et d'inventivité ; on se cotisait pour payer les avocats, on découvrait la notion de préjudice écologique, on discutait l'idée de patrimoine commun ; des maires de communes voisines, tous partis confondus, se joignaient au combat[1].

La lutte fut rude : il fallait réunir patiemment les preuves de tous les éléments du préjudice encouru, rester solidaires, ne pas se décourager devant les frais pharaoniques de la procédure. Le combat du reste était impitoyable, et les *lawyers* avaient prévenu Christian Huglo, l'avocat des communes : « Vous êtes un avocat renommé, vous avez un bon dossier, mais on vous fera plier sous les dollars ». Rompus à la dureté de la procédure devant les juridictions américaines, les émissaires des juristes d'outre-atlantique passèrent des semaines sur la côte bretonne allant jusqu'à éplucher les registres des hôtels pour contester la prétendue baisse de fréquentation ; ils n'hésitèrent pas non plus à assigner les autorités françaises, alléguant des erreurs dans la conduite des secours. Des hommes aussi solides que Alphonse Arzel avouèrent avoir été déstabilisés par la hargne des avocats d'Amoco ; mais le maire de Ploudalmézeau ne perdait pas son humour pour autant : ne déclara-t-il pas, au sortir d'une des audiences du tribunal, avoir ressenti un très fort sentiment de culpabilité ? – en effet, si la Bretagne ne s'était pas trouvé exactement sur le chemin du pétrolier, jamais le naufrage ne se serait produit...

Il reste que la décision rendue par la Cour de district de Chicago le 18 avril 1984 fut en tous points exemplaires, – une de ces décisions qui « fait jurisprudence »[2]. Le juge McGarr, spécialiste du droit maritime et lui-même ancien

---

1. Cf. *Amoco Cadiz, mémoires vives*, Propos recueillis par Claire Bouteloup, Brest, Cedre éditeur, 2008, p. 43 s. Sur la personnalité de Alphonse Arzel, leader charismatique de ce combat, cf. G. Morizur et F. Montgermont, *Bleu pétrole*, Charnay-lès Mâcon, Éd. Bamboo, 2017.

2. L. Lucchini, « Le Procès de l'*Amoco Cadiz* : présent et voies du futur », in *Annuaire français de droit international*, 1985, 31, p. 762 s.

marin, ne laissa rien au hasard; passant au peigne fin les milliers de pages du dossier, il s'attacha à suivre les liens d'intérêts enchevêtrés des trois sociétés en cause, établissant patiemment les responsabilités de chacune; ce faisant, il n'hésitait pas à déchirer le voile du pavillon de complaisance, mais aussi à bousculer la fiction de la personnalité juridique – ici la personnalité écran de sociétés fantoches. Les fautes les plus lourdes sont imputées à l'*AIOC*: manque de soin dans la conception même du pétrolier, et particulièrement négligence dans l'absence de mise en place d'un système secondaire de direction, absence d'entretien du bâtiment, mauvais entraînement de l'équipage, incapacité à assurer la navigabilité du bateau : chacun de ces faits aurait suffi à engager sa responsabilité. Une note, datée d'août 1977 et signée de Chester Byzarovitch, responsable du génie maritime d'*AIOC*, s'était révélée particulièrement accablante : « L'objectif principal pour 1978 consiste à laisser l' *Amoco Cadiz* et l'*Amoco Singapore* fonctionner sans aucun temps mort qui immobiliserait ces deux navires sous contrat d'affrètement. Il n'est pas prévu qu'ils passent en cale sèche et entrent dans leur période de réparation biennale avant l'expiration des contrats d'affrètement »[1].

Logiquement, *Amoco Transport* est également condamnée : bien que qualifiée à de multiples reprises de propriétaire « nominal », à aucun moment la société n'a cherché à superviser la gestion par *AIOC*. En revanche, le capitaine Bardari et son équipage sont mis hors de cause, dès lors que le véritable « patron » se trouvait à Chicago. Identifiant la *Standard Oil*,

1. Lors du passage en cale sèche, l'année précédente, la compagnie avait renoncé, pour les mêmes raisons, à remplacer les bagues et les garnitures défectueuses de l'appareil à gouverner de l'*Amoco Cadiz* qui perdait, chaque jour, entre sept et douze litres de liquide hydraulique. Cf. Y. Rochard, *L'affaire Amoco*, Éd. ArMen, 2005, p. 21. L'auteur ajoute que cette défectuosité était connue de la compagnie depuis les premiers essais de 1974 et qu'elle avait été réparée sur les deux autres *sister ship* de l'*Amoco* qui, eux, appartenaient directement à la société mère (p. 22).

dans ce rôle, et démontrant le caractère strictement intégré du groupe, le juge McGarr lui impute finalement la co-responsabilité des fautes commises par ses filiales, toutes ses demandes reconventionnelles étant rejetées par ailleurs. Dans la foulée, la décision retient aussi la responsabilité du chantier espagnol, coupable de ne pas avoir prévu un dédoublement du système de direction. En revanche, le capitaine Weinert et la *Bugsier Reederei* sortent blanchis du procès : aucune responsabilité ne peut leur être imputée, les opérations de sauvetage ayant été entreprises avant même l'acceptation du contrat par le navire assisté.

Animé du souci d'assurer la meilleure couverture du dommage, le juge américain ouvrait ainsi la voie à une indemnisation réaliste des préjudices subis. Le chemin serait encore long, mais finalement, le 24 janvier 1992, après 14 ans de procédure, la Cour fédérale d'appel de Chicago accordera à l'État français et aux communes bretonnes une réparation d'un milliard 300 millions, un montant inédit à l'époque. Si l'action avait été menée selon les solutions classiques du droit en vigueur à l'époque, soit une mise en cause du propriétaire officiel du pétrolier, l'*Amoco Transport*, le dédommagement n'aurait pas dépassé la valeur de l'épave, soit 750 000 dollars – seul patrimoine de cette société, avec la plaque de cuivre de son bureau à Monrovia[1].

Rien ne va plus

Le jeu de Monopoly ne s'est pas arrêté pour autant, loin s'en faut. Les dés continuent de rouler, et le nombre de *free-riders* d'augmenter. Et avec eux, la litanie des accidents et des marées noires[2]. Le 28 avril 1979, le vraquier *Gino* (pavillon

1. Y. Rochard, *L'affaire Amoco*, *op.cit.*, p. 51 et p. 156.

2. R. Moreau, « Cinquante ans de "marées noires' : radioscopie des catastrophes liées à la pollution par les hydrocarbures », in *Assurances et gestion des risques*, vol. 76 (1), avril 2008, p. 99 s. On

libérien) coule au large d'Ouessant, avec une cargaison de 42000 tonnes de pétrole lourd. Un an plus tard, le 7 mars 1980, le *Tanio* se brise en deux au cours d'une tempête au large de l'île de Batz et sa partie arrière coulera avec 6000 tonnes de fioul lourd. Le 31 janvier 1988, une citerne du pétrolier italien *Amazzone* perdra un peu plus de 2000 tonnes de brut dans une tempête au large de Penmarc'h.

Et puis ce fut le naufrage de l'*Erika*, le 12 décembre 1999 – chronique d'une catastrophe annoncée. Âgé de 24 ans, l'*Erika*, battant pavillon maltais, est un navire poubelle affrété par la société *Total*, qui se disloque dans la tempête au large de Saint-Nazaire alors qu'il transporte 30000 tonnes de fioul lourd à destination de la Sicile. Cette fois-ci, toutes les limites sont franchies, les risques pris sont démesurés et les transgressions systématiques. Au cours de sa carrière, le navire a changé 8 fois d'armateur et de nom, 3 fois de pavillon (Panama, Liberia, Malte), 3 fois de société de classification, et 4 fois de gestionnaire nautique. L'*Erika*, c'est le valet noir qu'on se refile et qui finalement échoue à nouveau dans les mains des communes bretonnes qui n'en demandaient pas tant. Valet noir pour trafic en noir et cargaison noire (l'enquête a soulevé la question de la véritable nature de la cargaison transportée : peut-être des boues de forage et des déchets de raffinerie).

Au moment du naufrage, la situation juridique du navire est à ce point opaque, qu'on ne parviendra jamais à identifier ses véritables propriétaires derrière les sociétés-écrans. Un fait est établi, en revanche : l'*Erika* n'était absolument pas en état de prendre la mer. En mai 1998, le pétrolier est contrôlé en Norvège : 11 déficiences sont constatées; des travaux *a minima* sont alors effectués dans un chantier du Monténégro et, en décembre, un certificat de navigabilité est délivré par la société italienne de classification *Rina*. En

s'en tient ici aux seuls accidents survenus dans les eaux proches de la Bretagne.

novembre 1999, un mois avant le naufrage, le commandant constate des signes de corrosion avancée dans plusieurs ballasts, et la société *Rina* exige cette fois des travaux dans les deux mois. Négligeant cette injonction, *Total* ordonne le chargement du fioul à Dunkerque, et, en dépit de la tempête annoncée, le navire prend la mer le 9 décembre.

Au cours des heures suivantes, alors que le vent souffle à force 8 et que le pétrolier tombe lourdement dans les creux, des fissures longues de 2 mètres apparaissent dans les cloisons séparant les citernes, tandis que des plis de flambage de plusieurs mètres sont notés sur les bordés de pont. Le navire accuse une gîte importante mais adresse au CROSS (Centre régional de surveillance et de sauvetage), à 14 h 11, un message rassurant : l'avarie est sous contrôle (les fissures ne sont pas évoquées) et le navire n'a pas besoin d'assistance.

L'*Erika* s'est dérouté néanmoins, et met le cap vers Saint-Nazaire pour y trouver refuge. Mais alors que le vent fraîchit encore, la situation s'aggrave au cours de la nuit : les fissures s'élargissent, la gîte s'accentue, du fioul commence à s'échapper des soutes, et le navire devient difficilement gouvernable. À 5 h 54 le commandant envoie pour la première fois un message de détresse. Et dans les minutes qui suivent, le pétrolier finit par se plier, le pont agissant comme une charnière ; à 8 h 08, à 30 milles au sud de la pointe de Penmarc'h, l'*Erika* se casse en deux, déversant son pétrole dans la mer. Les deux parties, désormais dissociées, seront remorquées par l'*Abeille Flandre* et le *Malabar*, mais couleront dans les jours qui suivent. La marée noire, accentuée par les tempêtes d'hiver et les forts coefficients de marée qui amènent le pétrole très haut sur l'estran, gagne bientôt les îles du Morbihan.

Une fois encore, 22 ans après le naufrage de l'*Amoco*, le grand jeu de Monopoly avait dérapé ; et une fois encore on réunit des Commissions qui remirent des *Rapports*. Celui du Conseil économique et social (France), daté du 29 mars 2000, se distingue par sa lucidité et sa pertinence. Évoquant les rapports de l'époque, il note « ces préconisations auraient été utiles si elles avaient été adoptées »; et encore : « ces avis conservent toute leur actualité sur nombre de leurs propositions et, singulièrement, une étonnante jeunesse »[1].

Certes, des progrès ont été accomplis : sur certains points les règles du jeu ont été modifiées : ainsi, la Convention de Montego Bay sur le droit de la mer de 1982 permet aux États côtiers d'intervenir jusqu'à 200 milles dans leur zone économique exclusive pour prévenir les pollutions menaçant leur littoral. Les actions en justice engagées par les collectivités locales ont permis de faire progresser la jurisprudence relative au principe du pollueur payeur et la réparation du préjudice écologique est désormais parfois accordée. La France s'est dotée de puissants remorqueurs prêts à appareiller dans toutes les conditions.

Mais, pour l'essentiel, le jeu s'est poursuivi, inchangé; aggravé même si on en juge par l'augmentation exponentielle des pavillons de complaisance. Désormais, c'est un navire sur deux qui a rejoint le clan des tricheurs. Pas étonnant, dans ces conditions, que de nombreux bâtiments naviguent « sous normes », voire carrément « hors normes ». Et si l'intervention de sociétés de classification permet de sauver les apparences, leur indépendance reste sujette à caution; ou alors leurs recommandations sont simplement ignorées, comme dans le cas de l'*Erika* où le dernier avis de la société *Rina*, recommandant de retirer la certification du pétrolier poubelle, n'a reçu aucune suite de la part des autorités maltaises. Quant aux actions en responsabilité, elles continuent de se heurter au maquis des sociétés écrans, tandis que, trop souvent, les règles et instructions adoptées au niveau national ne reçoivent qu'une application très partielle.

Sur la base de ces constats, le Conseil économique et social se remet à la tâche et, comme l'avait fait le Sénat français 22 ans plus tôt, se risque à formuler de nouvelles recommandations pleines de sagesse. Bien entendu, certains, dans le

1. *Rapport du 29 mars 2000 du Conseil économique et social,* p. 5.

camp des « complaisants », ne manqueront pas de les juger carrément utopiques, fruits sans doute d'esprits pervers, totalement déconnectés des réalités. Qu'on en juge :

– il convient désormais d'intégrer le coût de la sécurité dans le prix du fret – qui aurait imaginé, dirent-ils, une norme aussi irréaliste ?

– la liberté de pavillon n'est admissible que si l'État concerné est en mesure d'exercer ses responsabilités internationales, – a-t-on jamais vu, je vous le demande, une exigence aussi utopique, aussi peu respectueuse de la souveraineté des États et de la liberté du commerce ?

– une société de classification ne devrait pas appartenir à une compagnie d'armement et ne devrait pas cumuler le contrôle d'un bateau pour le compte de l'armateur et pour le compte de l'État. Les normes de certification ne devraient pas être définies unilatéralement par ces sociétés – mesure-t-on, hurlèrent-ils, le procès d'intention qui est ainsi fait à de recommandables sociétés ayant pignon sur rue ?

– l'armateur devrait prouver qu'il dispose des garanties financières suffisantes pour couvrir les risques qu'il engendre ; l'affréteur devrait se voir appliquer une responsabilité solidaire – aurait-on voulu anéantir le secteur pétrolier tout entier qu'on ne s'y serait pas pris autrement, firent-ils savoir au tout venant...

Ter repetita non placet

À ceux qui penseraient que le cas de l'*Erika* est trop exceptionnel pour servir d'exemple, le naufrage du *Prestige*, le 19 novembre 2002, allait apporter un cruel démenti. Alors qu'il se trouve au large des côtes de la Galice, le *Prestige*, pétrolier malgache à destination de Gibraltar, lance un appel de détresse : une large brèche s'est ouverte dans sa coque au plus fort de la tempête, et déjà le fioul qu'il transporte se répand dans la mer. Aussitôt, le gouvernement espagnol ordonne le remorquage du pétrolier vers la haute mer, dans l'espoir de préserver les côtes de la marée noire qui s'annonce. Mais, le 19 novembre, le pétrolier se brise en deux et coule par 3500 mètres de fond. En dépit de son éloignement, une gigantesque marée noire souille la Galice, le nord du Portugal, et la façade atlantique française, du pays basque aux côtes de la Bretagne sud.

Bien des traits rapprochent le dossier du *Prestige* de celui de l'*Erika;* dans les deux cas, il s'agit de pétroliers pourvus d'une simple coque, de conception vétuste (26 ans pour le pétrolier malgache), et ayant subi de nombreuses réparations de fortune. Les deux navires se sont littéralement déstructurés dans la tempête : suite à une avarie de coque dans le cas du *Prestige*, et d'un effondrement de cloisons internes dans le cas de l'*Erika.* Les deux navires transportaient du fioul lourd, le plus difficile à recueillir : ainsi les produits les plus polluants sont convoyés par les navires les moins sûrs. Tous deux naviguaient sous pavillon de complaisance – dans le cas du *Prestige*, les Bahamas. Dans les deux dossiers, un imbroglio total caractérise le statut juridique du navire et l'identité de son propriétaire réel – sauf à retenir qu'une fois encore il constitue l'unique patrimoine de son propriétaire nominal, selon le régime bien commode du *single-ship company*.

Et, une fois de plus, une Commission est réunie qui remet un *Rapport*[1]. Celui-ci note pudiquement : « certaines auditions des mêmes personnes, à 3 ans d'intervalle, laissent parfois le sentiment d'une véritable redite, qui n'aurait pas trouvé d'écho »[2].

La morale de l'histoire

Une histoire aussi immorale comporte-t-elle une morale ?

Au moins révèle-t-elle un choix clair : ou la fatalité, ou la responsabilité. Dans le premier cas, l'accident relève du

---

1. Assemblée nationale, *Rapport fait au nom de la Commission d'enquête*, 10 juillet 2003.

2. *Ibidem*, p. 5.

hasard ou du mauvais sort, c'est la *fortune de mer*, engagée, risquée et perdue ; dans le second, il est le produit de politiques irresponsables. La logique de la fatalité encourage et légitime la poursuite indéfinie du grand jeu de Monopoly, les catastrophes apparaissant alors comme le prix, regrettable sans doute, à payer pour le progrès, la croissance et la liberté du commerce, les inévitables bavures de la main invisible qui régit le marché. La logique de la responsabilité, quant à elle, commence par la mobilisation des victimes qui luttent pour la défense de leurs droits, et débouche parfois sur la sanction des coupables et la prévention de nouveaux accidents. Main invisible du sort et du marché d'un côté, prise en main de son sort de l'autre.

Sans doute le droit accompagne-t-il chacune des deux branches de cette alternative. Mais, dans le premier cas, il semble toujours dépassé par les *freeriders* qui ne jouent pas le jeu ou se mettent hors-jeu, hors la loi – comment résister en effet à la concurrence déloyale des pavillons de complaisance ? Dans le second cas, comme l'illustre le combat des maires Bretons, le droit est au contraire appelé à se réinventer et s'élargir. La décision de 1984 dans l'affaire *Amoco* a permis de contourner la fiction de la personnalité morale et de sanctionner les véritables responsables. Quelques années plus tard, en 1989, leur combat allait inspirer les victimes du naufrage de l'*Exxon Valdez*, responsable d'une pollution majeure au large des côtes vierges de l'Alaska. Et le 25 septembre 2012, la Cour de cassation française reconnaîtrait pour la première fois l'existence, l'autonomie et le caractère réparable du « préjudice écologique ». Le combat des Bretons pour leur dignité s'avérait aussi un combat pour l'intégrité de l'océan – la fortune *de* la mer.

Si nous débattions…

- À quoi sert le droit ?
- Quel est le régime juridique du sauvetage en mer ?
- Quel est le rôle du droit dans la prévention et la réparation des dommages causés à l'environnement ?
- Faut-il craindre le contournement du droit ?
- Faut-il espérer la force du droit pour obtenir justice ?
- L'inadéquation du droit à la réalité est-elle une fatalité ?
- Quelles sont les forces imaginantes du droit ?
- En quoi consiste le jeu de Monopoily ?

Bibliographie sommaire

- R. Rodière et M. Rèmond-Gouilloud, *La Mer, droit des hommes ou proie des États ?*, Paris, Pedone, 1980.
- N. Reuter, *La notion d'assistance en mer*, Paris, Librairies techniques, 1975, p. 248.
- M. Rèmond-Gouilloud, « Leçons d'un naufrage. À propos de l'indemnisation des victimes de l'*Amoco Cadiz* », in *Recueil Dalloz-Sirey* 1979, Chron. XX, p. 133 s.
- *Amoco Cadiz, mémoires vives*, Propos recueillis par C. Bouteloup, Brest, Cedre éditeur, 2008.
- L. Lucchini, « Le procès de l'*Amoco Cadiz* : présent et voies du futur », in *Annuaire français de droit international* 1985, 31, p. 762 s.
- Y. Rochard, *L'affaire Amoco*, Éd. ArMen, 2005.
- F. Ost, *À quoi sert le droit ? Usages, fonctions, finalités*, Bruxelles, Bruylant, 2016.

3, 2, 1…

Il y a droit, lorsqu'intervient un point de vue tiers dans les affaires humaines.

(A. Kojeve, Esquisse d'une phénoménologie du droit, *Paris, Gallimard, 1981)*

La stabilité d'une société et la concorde qui y règnent sont conditionnées par la reconnaissance du tiers ; à l'inverse, le refus du tiers fait surgir une situation caractérisée par une relation duale qui est fondamentalement polégomène, c'est-à-dire source de conflits.

(J. Freund, « Préface à la réédition de 1978 », in L'essence du politique, *Paris, Sircy, 1978, p. X)*

C'est l'histoire d'un pays qui prétendait abolir, en tous domaines, l'entre-deux, la faille, le pli, le doute. Un pays qui récusait le tiers, qui se détournait avec horreur du doute. Un pays tout d'un bloc, enfermé dans le carcan de ses certitudes, ébloui par l'évidence de ses vérités.

Son nom? *Binaria*. Son drapeau? Noir et blanc, avec un pouce levé au milieu.

Le pouce levé était l'emblème du nouveau régime : *like* – j'aime, j'adhère, j'en veux encore : toujours plus du même. On le trouvait partout : en brassard, en bijou, en bandeau sur les écrans, en autocollants omniprésents. Bien entendu, l'emblème opposé, le pouce baissé, fleurissait également; mais, malheur à ceux qu'ils visaient : comme dans les anciens jeux du stade, il les promettait à une dangereuse stigmatisation.

À vrai dire, le pays avait connu des jours meilleurs dans le passé; c'était seulement depuis l'arrivée au pouvoir de Selfidor, son nouveau président, qu'il était entré dans cette ère somnambulique. Bachelier en droit raté, devenu camelot de foire, puis aigrefin immobilier, ensuite animateur d'émissions de téléréalité signalées pour leur brutalité, Selfidor habitait une tour, – un gratte-ciel plutôt, si haut qu'il n'apercevait plus le sol et avait tendance à se prendre pour Jupiter lui-même. Il avait emporté les élections en imposant sa devise : *Jamais deux sans moi*. Au-delà du jeu de mots facile, ses électeurs étaient fascinés par ce slogan qui traduisait leur besoin d'identification; il ne tarda pas à se transformer en mot d'ordre. À chacune des apparitions publiques du président, le peuple hystérisé reprenait en chœur le slogan, transformé en aveu gourmand de soumission : *Jamais deux sans toi, Jamais deux sans toi,...*

Magnanime et paternel, Selfidor reprenait parfois le répons en le transformant à son tour : *Jamais deux sans tous*, suggérant ainsi habilement l'identité du moi, lui-même en l'occurrence, et du tous : *jamais deux sans moi, sans toi, sans tous.* C'était alors comme un grand orgasme politique, un frisson de communion : on était fort, on était entre soi. Entre *toi* et *moi*, entre *tous*, quelle faille aurait-elle pu se glisser? L'*autre* inquiétant, le tiers indéterminé, l'étranger dérangeant étaient exorcisés, renvoyés aux ténèbres du *eux* – *délétés* des écrans, des programmes, voués aux gémonies.

Les temps étaient devenus mauvais pour tous ceux qui résistaient à cet embrigadement, ou qui, tout simplement, n'étaient pas directement assimilables : les artistes, les intellectuels, les étrangers et personnes de couleur, tous ceux qui vivaient une sexualité alternative; quand les marges se contractent sur un noyau dur, de plus en plus *dur*, beaucoup de personnes tombent dans la marginalité : sans papiers, sans logis, sans identité fixe. Suspects d'indétermination, et donc traîtres en puissance. Deux catégories étaient particulièrement dans le collimateur de Selfidor et de ses séides : les journalistes et les juristes. Les premiers, parce qu'ils opéraient sur le terrain qu'il prétendait monopoliser, la communication, et qu'ils avaient parfois l'outrecuidance d'en faire un usage critique; les seconds, parce que le président avait gardé un ressentiment virulent à l'égard du droit qu'il avait échoué à pratiquer. Les deux catégories, de surcroît, étaient comme les porte-parole du tiers, l'autre indéterminé, n'importe quel autre : l'ennemi numéro 1 du régime. *Tiers, tiers-état, tiers-monde* : un *no man's land* politique que Selfidor abhorrait.

Selfidor était par ailleurs affecté d'une curieuse obsession de lumière qui allait bientôt s'imposer durablement au pays tout entier. Non pas la lumière naturelle des jours et des saisons, les délicates variations de l'aube et du crépuscule; non, plutôt l'implacable lumière artificielle, forte et zénithale : une lumière *sans ombre*. Une lumière absolument égale capable de rivaliser avec celle du soleil. Il ne cessait de faire installer un tel éclairage, violent et continu, dans tous les lieux qu'il habitait, et bientôt partout où il se déplaçait.

Un jour il déclara que *Binaria* était entré dans l'« *âge de cristal* »; au terme de travaux pharaoniques, il avait en effet fait recouvrir le territoire entier d'un immense filet électrique pourvu d'un nombre incalculable de projecteurs diffusant cette lumière zénithale qui seule semblait le satisfaire. Dans d'interminables soliloques, diffusés sur toutes les ondes et tous les réseaux sociaux, il prétendait ainsi déclarer la guerre à l'ombre, propice à tous les complots.

S'il avait eu un peu de culture, il aurait pu dire que *Binaria* était promise à un nouvel *âge des Lumières*, mais, bien entendu, il n'en avait pas la moindre idée, et, par ailleurs, l'éclairage qu'il imposait désormais au pays 16 heures par jour (plus tard, on le verra, il abolira même cette courte pause de 8 heures), n'avait rien à voir avec l'usage public de la raison que les Lumières avaient instauré. Il aurait pu dire aussi qu'il renouait avec la *Cité du Soleil* ou les *Cités Radieuses* de la grande tradition utopiste, mais il l'ignorait tout autant, et, ici encore, son soleil électrique n'avait rien de commun avec l'astre du jour.

Les mauvaises langues, vite étouffées, insinuèrent que le fait que Selfidor possédait la majorité des parts des principales centrales électriques du pays n'était sans doute pas étranger à son étonnante décision. D'autres pensaient plutôt que le président espérait ainsi conjurer d'anciennes peurs enfantines, jamais vraiment dépassées. Il est vrai que la logorrhée de Selfidor cachait mal, sous ses rodomontades, quelque chose comme une peur panique de l'ombre, et, en contrepoint, un attachement obsessionnel à la transparence.

Un régime de visibilité absolue s'installait. La capitale, rebaptisée *Cristalia*, s'hérissait de bâtiments de verre, dont les minces structures métalliques semblaient disparaître totalement sous les violents reflets de la lumière zénithale. Tout devait se « dérouler au grand jour », comme il convient à un « peuple fort et uni », avait déclaré l'idole. Seuls les voyous et les pervers recherchent la faveur complice de l'ombre ou de la nuit pour abriter leurs crimes, avait-il déclaré – les honnêtes gens n'ont rien à cacher. Du reste, la diffusion des images sur les réseaux sociaux, vivement encouragée par l'Administration, avait achevé de dissoudre ce qui restait d'intimité. Il ne demeurait plus grand chose, à vrai dire, de ce qui, jadis, tenait lieu de vie privée, et les gens ne se faisaient pas prier pour se répandre avec complaisance sur les plateaux de télévision ou les réseaux sociaux. La visibilité était devenue synonyme d'authenticité, et celle-ci gage de vérité. Que ces images, notamment celles de la télévision, appelée par antiphrase « télévérité », ou encore « téléréalité », fussent souvent trafiquées, ne semblaient pas faire problème :

elles s'imposaient, puisque tout le monde les voyait et les partageait.

Sous le jour permanent de Selfidor, écrasé de lumière, le monde perdait tout relief, toute aspérité, toute profondeur. Comme si la troisième dimension était désormais bannie, et le monde réduit à la platitude du plan en deux dimensions; un érudit rappela la prophétie de Edwin A. Abbott et de son *Flatland,* mais, faut-il le dire, il ne se trouva personne pour lui prêter l'oreille. C'était le règne de la superficialité et de l'apparence – toute question récusée, tout conflit dénié : *Jamais deux sans moi, – une, deux, en avant marche!*

Ce régime ne tarda pas à provoquer des changements importants : les gens s'étaient mis à porter des lunettes noires en permanence, de sorte qu'ils avaient perdu l'habitude de sourire, de s'échanger des clins d'yeux ou de se faire des œillades. Leur sommeil était sans rêve, comme sans oubli, et, même de jour, leur démarche devenait somnambulique. Quant aux oiseaux, ils finirent par déserter ces contrées aveuglantes, ce qui priva les villes du dernier son naturel qui les berçait encore. Comme si le gazouillis permanent des *tweets* pouvait aussi bien en tenir lieu.

Les changements les plus notables concernaient précisément le langage. Selfidor donnait le ton; ses phrases se réduisaient au schéma « sujet, verbe, complément » et son lexique était des plus limités, fait de mots courts et univoques : *super, extra, cash, minable,...* des mots souvent opposés par paires : *salauds et types biens, héros et fainéants, gagnants (nous) et perdants (eux), ok et ko.* Les propositions subordonnées, tout comme les termes abstraits, étaient bannis de ses discours; pas plus n'y trouvait-on des mots suggérant nuances et complexités, tels que *peut-être, sans doute, encore que, néanmoins, en même temps, pour autant que, entre-deux, relatif, intermédiaire,...* Ainsi le monde se réduisait d'autant plus facilement au blanc et au noir que les mots susceptibles de suggérer les dégradés venaient à manquer; et les certitudes absolues s'imposaient, dès lors qu'on perdait jusqu'au sens du relatif. Il faut dire que son mode favori de communication : les 280 caractères (140 jusque récemment) des *tweets* dont il inondait le pays, ne favorisait pas les subtilités.

Selfidor semblait aussi ignorer l'usage de la troisième personne et la référence au tiers indéterminé (*il, on, chacun,...*), maniant exclusivement, en accord avec sa devise, le *je* et le *tu,* et s'adressant directement à ses destinataires à l'aide d'injonctions fortes et d'implications compromettantes : *je vous le dis, croyez-moi, nous voulons tous,...* le tout accompagné de la gestuelle adaptée. Ce discours, accessible à un enfant de 9-10 ans, s'adressait en fait à l'inconscient du public, visant directement ses affects les plus primitifs : la peur, le plaisir narcissique, et comme une complaisance à s'avilir, une volupté à se vautrer ensemble dans une facilité un peu veule.

Il faut dire qu'il s'y entendait à manier les techniques de manipulation : son expérience d'animateurs de *shows* télévisés lui servait bien dans sa nouvelle carrière politique ; ainsi avait-il le chic (si on peut dire) de terminer toutes ses phrases par des mots très chargés émotionnellement, qui sonnaient comme des coups de poing sur la table ; ou alors il répétait ces mêmes mots, de façon quasi hypnotique : « *nous allons gagner, gagner, gagner, tellement gagner que,...* ».

Au début, certains avaient noté que le président ne connaissait rien aux sujets dont il parlait cependant avec autorité ; mais qui s'en offusquait en vérité ? De son passé de camelot, il avait appris que l'important n'est pas de maîtriser la chose dont on parle, mais bien de viser le désir de l'acheteur, en créant l'ambiance susceptible de lui donner satisfaction. Ainsi pouvait-il dire n'importe quoi, dès lors qu'il tenait son public par ses peurs ou ses fantasmes. Une fois encore, le référent, la chose tierce dont il s'agissait dans son discours, n'avait plus aucune importance, seule s'imposait sa capacité fascinatoire de la faire craindre ou désirer – de sorte qu'en définitive, ce n'était que de lui qu'il parlait ; de lui et de tous ses auditeurs qui s'identifiaient à l'idole – *jamais deux sans moi.*

Soumis à ce matraquage quotidien, les gens s'étaient mis à parler une autre langue. Oh, le changement ne se fit pas en un jour..., mais tout de même, après quelques mois déjà ceux qui usaient encore d'un langage un peu soutenu apparaissaient comme des originaux, prétentieux et décalés, sommés bientôt d'avoir à parler *comme tout le monde*. Inutile de préciser que le multilinguisme et la traduction ne tardèrent pas à relever de l'inclination vaguement perverse, et donc suspecte – seul le *binarien* s'imposait, et encore, dans une version toujours plus simplifiée. Les esprits chagrins le regrettaient et prophétisaient que, bientôt, on pourrait tout aussi bien s'exprimer à l'aide des seuls *emotikon* qui envahissaient les écrans de communication : *smilies* et toute une gamme prolifique de petits signes qui non seulement dispensaient de la peine d'écrire, mais délivraient du trouble de penser. À la lumière continue de *Binaria*, la communication devenait *claire et distincte* ☺.

Dans ces conditions, fallait-il encore vraiment se préoccuper de vérité et de morale ? En était-on seulement encore capable ? Ce n'est pourtant pas que Selfidor s'en désintéressât ; il parlait souvent de vérité, ou plutôt, il accusait en permanence ses ennemis (il n'avait pas d'adversaires, seulement des ennemis) de mensonge. Les journalistes, particulièrement, étaient désignés comme coupables de répandre des *foutaises* – terme plutôt populaire traduisant le mot qu'il utilisait en *binarien* mieux que d'autres, des termes plus savants, étrangers à la pensée du président, comme *imposture, contre-vérité, rumeur, approximation ou désinformation*. En réalité, s'il parlait si souvent des *foutaises*, c'est parce qu'il s'agissait très exactement du registre où lui-même excellait.

Tant et si bien qu'on s'acheminait, à *l'âge de cristal*, vers un régime de *post-vérité*, où la question même de la vérité avait perdu son intérêt, et la distinction de la vérité et du mensonge son tranchant. Désormais était vrai ce que Selfidor tenait pour tel ; l'affirmant, il le performait : il donnait forme et autorité à cette allégation – et cela suffisait amplement à rassurer ses sujets – *jamais deux sans toi* et les idées seraient bien gardées.

Du reste, le président ne se gênait pas pour proclamer des vérités contradictoires et variables comme son humeur, au grand désespoir de toute une clique de suiveurs et de flatteurs qui entendaient faire l'exégèse officielle de la pensée de l'idole, l'œil rivé sur ses discours. Mais sa pensée changeait si vite que la vérité qu'ils croyaient saisir n'était, le lendemain déjà, qu'une opinion sans valeur. Heureux plutôt ceux qui ne pensaient à rien et, l'estomac solide, gobaient n'importe quoi. Le plus sûr en somme était de s'en tenir aux lieux communs les plus éculés : « *on ne peut tout de même pas accueillir toute la misère du monde* » ou « *on ne fait pas d'omelettes sans casser des œufs* », ou allant répétant des tautologies pures et simples : « *à la guerre comme à la guerre* », « *les affaires sont les affaires* », qui, somme toute, reflétaient assez bien la tautologie creuse qui tenait lieu d'idéologie au régime. Un jour, dans un de ces *tweets, Selfidor* écrivit « régiment » avec un 'a' : « nos régim*a*nts se mobilisent face à la menace » ; aussitôt tout le pays se mit à écrire régim*a*nt avec un « a », célébrant le côté nettement plus actif de cette graphie, bien accordée au contenu guerrier du mot. Et bientôt les nostalgiques qui s'obstinaient à écrire « régiment » avec un « e » seront traités comme de mauvais citoyens, sinon de dangereux subversifs.

Mais, de tous les changements qui s'opéraient sous la lumière zénithale de *Binaria*, les plus profonds étaient ceux qui affectaient le droit, sans doute en raison du ressentiment personnel que Selfidor nourrissait à son égard, mais aussi parce que, de toutes les productions de la culture, le droit est certainement celle qui tient le plus directement au tiers – ce fameux tiers que le régime entendait éradiquer – *tertium non datur*, si du moins on s'était souvenu du latin et de la logique aristotélicienne.

Le pays bénéficiait pourtant d'une vénérable tradition juridique et comptait nombre de juristes expérimentés, attachés à l'État de droit et à la défense des droits fondamentaux. Aussi, pour une fois, Selfidor dut prendre quelques ménagements, en dépit de sa détestation du droit, de ses formes byzantines, ses qualifications abstraites, ses présomptions et fictions alambiquées, ses délais procéduriers, toutes ces bizarreries en un mot, qui faisaient écran, de l'ombre donc, entre lui et les Binariens. Les choses se firent donc par étapes et insidieusement.

Au début, le travail de sape ne visait encore que les étrangers et le droit de l'extérieur, le droit international. Un jour, on interdit l'entrée sur le territoire national à un avocat étranger qui, l'année précédente, avait assuré dans son pays la défense d'une personne accusée de terrorisme. Il eut beau faire valoir que l'avocat défendait et *représentait* son client sans nécessairement s'*identifier* à sa cause ni épouser son comportement. Selfidor n'en démordait pas : il n'entendait rien à cette distinction spécieuse – le suspect est évidemment coupable et celui qui prend son parti tout en affectant de s'en distancier ne peut que jouer un double jeu. Incapable de concevoir la scène tierce sur laquelle se déroule le procès et officient ses acteurs, l'idole ne raisonne qu'en termes de duplicité et de double jeu – avec moi ou contre moi, et pour les traîtres, les deux à la fois, mais jamais d'élévation au point de vue « méta » ou im-partial (au-dessus de A et de B) où tente de se rendre la justice.

En politique extérieure, le président n'entendait plus s'embarrasser du droit ; à vrai dire, il considérait celui-ci comme la prolongation naturelle des rapports de force qui prévalaient dans l'arène économique et la compétition militaire. Qu'une grande puissance comme *Binaria* eût à brider sa force en considération des plus faibles lui paraissait tout simplement contre-nature. Aussi bien s'employât-il à dénoncer un à un tous les accords internationaux qu'avait ratifiés son pays, et c'est avec une même énergie qu'il dénonçât la compétence des juridictions internationales qui auraient eu l'outrecuidance de vouloir juger un *Binarien*. Ce multilatéralisme lui était tout simplement insupportable, comme si la lumière crue dont il inondait *Binaria* devait aussi aveugler le monde entier. Et quoi ! des textes étrangers à l'esprit binarien prétendraient étouffer la capacité d'innovation de nos industries et ouvrir les portes de notre pays aux fainéants du monde entier ? Il n'en serait plus question désormais, et on prit soin d'ériger des murs tout autour du pays.

Du reste, et sans se soucier de la contradiction, il entendait bien que les lois binariennes s'appliquent à l'extérieur, chaque fois que les intérêts prétendus de son pays l'exigeaient. Si des sanctions économiques étaient décidées par *Binaria* à l'égard de tel ou tel pays, il exigeait de toutes les entreprises étrangères qui traitaient avec son pays de les respecter elles aussi, sous peine de ne plus pouvoir commercer avec lui. Le droit devenait ainsi un simple instrument de rétorsion, une arme parmi d'autres dans la compétition de tous contre tous. C'était en somme le retour à l'état de nature où tous les coups sont permis, la régression au face à face primitif : la relation duelle qu'il affectionnait particulièrement et qui, à ses yeux, débouchait nécessairement sur le *jamais deux sans moi.*

Relevaient aussi de ce chantage juridique les curieux *deals de justice* que le département d'État de *Binaria* réussissait à imposer à de puissantes compagnies étrangères, soupçonnées par lui de pratiques corruptives, susceptibles de ravir des parts de marché aux entreprises binariennes. Le *deal* était aussi simple que brutal : ou bien la compagnie instruisait elle-même, en interne, son procès en corruption ou blanchiment d'argent, elle en faisait l'aveu public et s'acquittait d'une amende impressionnante, ou bien un procès officiel, ruineux et interminable, lui serait mené sur le territoire de *Binaria*, ce qui entraînerait, *ipso facto*, l'interdiction d'y poursuivre ses affaires. On devine la suite : les entreprises s'exécutaient *illico*, reconnaissaient et payaient ce qu'on voulait, renonçant ainsi à toute possibilité de se défendre devant un « vrai » tribunal. Seuls les esprits chagrins, n'est-ce pas, y voyaient à redire : les croisades contre le mal n'y gagnaient-elles pas des victoires éclatantes ? N'était-ce pas la preuve évidente, aveux à l'appui, du bien-fondé de la transparence dont Selfidor faisait bénéficier son pays ?

Fort de ces succès, et conforté par une opinion publique toujours plus éblouie, Selfidor entreprit bientôt d'appliquer ces bonnes recettes à l'intérieur. Ce qu'il détestait par-dessus tout, c'était la loi générale et abstraite. Il lui préférait de loin le contrat, qui se négociait en face à face, et qui lui permettait d'affirmer sa puissance en divisant ses adversaires plutôt que d'avoir à se soumettre à une généralité abstraite et sans visage. Au fond, ce qu'il prisait, c'était le droit féodal où le plus faible faisait aveu d'allégeance au suzerain dans un geste juridique par très éloigné des rituels de soumission animale. De ces contrats léonins il avait acquis une expérience dans le monde de l'immobilier où il avait bâti sa fortune. Mais que la loi ne vienne pas perturber un jeu aussi performant!

Aussi se mit-il en devoir de démanteler systématiquement tous les textes que ses prédécesseurs avaient patiemment élaborés; tout ce qui ressemblait à un statut, un droit, une procédure, tout ce qui, en un mot, mettait en place une garantie en dépersonnalisant le rapport de base et en le rapportant à une généralité abstraite, gage d'égalité, lui était insupportable. Ainsi des majorités parlementaires complaisantes s'employaient-elles à détricoter les textes, que des juges partisans, nommés aux postes stratégiques, faisaient mine d'oublier.

À ces encombrantes lois générales, Selfidor préférait de loin les injonctions concrètes de son administration, ou, mieux encore, les mots d'ordre lancés par lui-même sur les réseaux sociaux. C'était comme une mobilisation générale avec, aux commandes, un chef de guerre, dont les instructions quotidiennes étaient censées mener les affaires au plus près des nécessités. Ou alors, autre stratégie : la loi était maintenue en apparence, mais elle était assortie de tant d'exceptions et de dérogations laissées à l'appréciation du président qu'elle en perdait toute consistance. Ainsi, par exemple, une loi imposait-elle cinq légumes au menu des cantines scolaires, l'idole s'arrogeait le droit de décider ce que « légume » signifiait. Et de décréter, dès le lendemain, que le *ketchup* valait légume – aux applaudissements de la galerie et à la plus grande satisfaction d'un de ses proches, magnat d'une entreprise du secteur. Ici encore, comme pour la vérité, était droit ce que Selfidor décidait qu'était droit. Un vieil érudit évoqua *Humpty et Dumpty* et son rapport pervers au langage (« le mot a exactement le sens que je lui donne », dit-il; et à la question d'Alice : « peut-on donner à un mot autant de sens qu'on veut? », celui-ci de répondre : « la question est de savoir qui est le maître »), mais personne ne l'entendit, car plus personne ne lisait *De l'autre côté du miroir*, parce qu'au *pays des merveilles* on était entré, depuis belle lurette maintenant.

Ce qui l'amusait beaucoup, en revanche, étaient les *nudges* et autres normes concrètes inscrites dans les dispositifs matériels eux-mêmes. Les *nudges*, littéralement « coups de pouce », transposent un terme binarien intraduisible ; on peut les comprendre comme des procédures qui conduisent en douce l'usager dans le sens du comportement souhaité, – ainsi des nombreuses procédures par défaut inscrites dans les programmes informatiques qui régissent tous les aspects de la vie quotidienne. Quant aux normes concrètes, tel un dispositif automatique bloquant la clé de contact des automobilistes qui ne sont pas en règle de cotisation de leur prime d'assurance, Selfidor les trouvait merveilleusement efficaces. Pourquoi s'échiner à s'adresser à la conscience des conducteurs, leur volonté ou leur sens des responsabilités – ces inepties métaphysiques d'un autre âge –, dès lors que ces dispositifs concrets obtenaient 100 % du résultat comme il aimait à le souligner.

Cette imparable logique gagnait de proche en proche tous les secteurs : ainsi, en matière d'assurances, on renonçât bientôt au voile d'ignorance et à l'improbable principe de solidarité, dont on voyait bien qu'il favorisait les moins prévoyants ; on cotiserait désormais en fonction du risque réel qu'on représentait. Ce serait *pay as you drive, pay as you live, pay as you travel*, etc. Ici encore, la lumière binarienne jetait un éclairage réaliste bienvenu dans un domaine encombré de références contreproductives à des tiers indéterminés et une brumeuse mutualisation des risques.

En matière de preuves également, c'en était désormais terminé des présomptions et des fictions qui faisaient les délices des juristes du passé ; ainsi les présomptions de paternité étaient désormais balayées par d'irrécusables tests d'ADN ; partout l'emportait la logique génétique, et c'étaient autant de procès d'épargnés.

Il s'agissait au fond d'une guerre sans merci déclaré au « sujet de droit », – encore une encombrante fiction. De quelle utilité pouvait bien être cette mystérieuse « personnalité juridique » qui jetait comme un masque sur la réalité concrète de chaque homme et de chaque femme, dissimulant sa situation réelle, peut-être ses mauvaises intentions, et suggérant une trompeuse égalité entre eux ? Non ! Dans le monde sain et éclairé de *Binaria,* où les honnêtes gens n'ont rien à cacher, chacun est saisi et traité pour ce qu'il est, dans sa famille, son travail, ses relations. Comme les rapports sociaux devenaient plus francs et plus simples de ne plus s'encombrer des byzantineries juridiques et d'être réglés directement au plus près de leur logique primaire, économique, affective ou politique !

Toutes ces idées trouvaient, comme on s'en doute, un terrain d'élection en matière pénale. Qui aurait encore été assez naïf pour croire à la présomption d'innocence ? Qui assez fou pour continuer à défendre l'idée que le doute profite au prévenu (du reste, à *Binaria,* terre sans ombre, on avait cessé de douter depuis longtemps) ? Qui se bercerait encore de l'illusion d'un amendement possible des condamnés ? Après des siècles d'errements, la politique pénale était enfin devenue ce qu'elle aurait toujours dû être : radicalement préventive ; la dangerosité en était l'objet, et plus la culpabilité ; c'était le risque qu'on traitait et plus la faute. Ainsi intervenait-on avant que le mal social fût causé, et pas après, lorsqu'il était trop tard. Ébloui par ces nouvelles évidences, le peuple applaudissait : *jamais deux sans toi !* Et bientôt ils furent des millions, dont le *profil,* établi par les agences traitant les *big datas,* n'était pas exactement dans la ligne du binarien type, à être désormais fichés, surveillés, mis sur écoute, et bientôt bagués, assignés à résidence ou placés sous camisole chimique.

Bien entendu, le risque zéro n'existait pas ; aussi Selfidor recommandait-il vivement le port d'armes aux bons citoyens (la puissante association nationale d'armes à feu avait, il est vrai, largement financé sa campagne électorale). Invoquant pour une fois la vénérable tradition du pays (les pionniers du *sud lointain* et leur justice expéditive) et même le droit naturel, l'idole avait proclamé que se défendre soi-même était un droit sacré – mieux, un devoir dont devaient s'acquitter tous les patriotes. Aussi avait-on généreusement armé les concierges d'immeubles, les préfets d'école, ou encore les portiers de tous les lieux publics – et c'était fou comme on se sentait en sécurité désormais ; *jamais deux sans toi !*

On devine que toutes ces salutaires réformes allaient bientôt concerner les institutions elles-mêmes, qui sont toujours les plus lentes à se réformer, et les plus tenaces à survivre. Au début, Selfidor prit quelques ménagements, à l'égard du Parlement notamment ; il tenait à ouvrir personnellement l'année parlementaire et à fixer l'ordre du jour de ses travaux, lui réservant des questions aussi importantes que la révision de la liste des jours fériés par exemple. Mais l'institution perdit vite tout intérêt, les députés votant, par cohortes entières et sans débat, les textes que l'Administration voulait bien lui soumettre. Puis l'idole se mit à ironiser, dans les *tweets* dont il abreuvait chaque jour le pays, sur une idée aussi absurde que la séparation des pouvoirs – n'était-ce pas, par définition, ériger la méfiance en principe, et organiser le blocage des institutions ? Un pays bien organisé ne devait-il pas plutôt construire la collaboration des pouvoirs ? Et puis, voyons, à l'heure d'Internet et des réseaux sociaux, que valait encore cette fumeuse idée de *représentation* ? Comment avait-on pu s'accommoder, des décennies durant, de ce système qui supposait comme un écart entre les gens (qu'il fallait *représenter*) et le législateur ? Aussi bien, un matin, le président annonçât-il, par un simple message, la dissolution immédiate du Parlement et son remplacement par des assemblées directes de citoyens choisis aléatoirement parmi ses *followers* (tous les Binariens, à la vérité), et invités à voter à l'instant, par voie électronique, sur les textes qu'on leur soumettrait. Une récompense financière importante était prévue en vue de départager ceux qui répondraient correctement à une question subsidiaire destinée à départager tous ceux qui auraient voté « correctement », c'est-à-dire dans le sens de la décision majoritaire. Ici encore, le peuple applaudit et devint bientôt *addict* de ce *jeu de lois* d'un genre nouveau.

La même logique ne tardât pas à s'appliquer, comme on s'en doute, à d'autres « corps intermédiaires » qui reposaient eux aussi sur cette idée funeste de *représentation* et faisaient encore écran, de l'ombre donc, entre l'idole et son peuple. Finalement, se sentant pour une fois une âme spéculative, et au prix d'un grand effort sémantique, Selfidor *tweeta* : « Entre vous et moi ce n'est plus d'adhésion qu'il s'agit, mais d'adhérence. Je vous ai dans la peau ! *I like you !* ». Ainsi s'accomplissait la vérité du régime de *Binaria* : toute espèce de distance s'évanouissait, et on approchait de la platitude absolue, la troisième dimension abolie. Bientôt plus d'écart, plus d'aspérité, plus d'ombre ; à perte de vue, la plénitude rassurante du même, sous la lumière cruelle d'un jour sans fard.

La dernière institution à résister fut la justice. Au début, des procureurs courageux entreprirent même de défier le régime en instruisant des dossiers relatifs aux manœuvres électorales ayant conduit l'idole au pouvoir. Mais les pressions que l'on devine (des démissions forcées si nécessaire) eurent vite fait d'étouffer ces velléités de résistance. Des juges complaisants ne se firent pas prier pour prendre la relève. Mais ce n'était pas assez pour Selfidor ; entre lui et Thémis, c'était comme une haine personnelle. Il détestait ce voile dont elle s'affublait et auquel il ne comprenait rien – encore un signe de la perversité des juristes : quel homme sensé pourrait se vanter de trancher correctement, les yeux bandés ? Aussi se mit-il en devoir de lui arracher ce voile avec la même violence dont, de son propre aveu, il usait parfois à l'égard des femmes. Il coupât ses budgets, laissât dépérir les Palais dans lesquels elle se rendait, réduisit ses prérogatives de mille façons. Du reste, le nombre de procès qu'on lui soumettait ne cessa de diminuer, dès lors que les gens (et l'Administration) étaient encouragés à se faire justice à eux-mêmes et que se réduisaient à peu des choses les lois sur lesquelles les tribunaux auraient pu s'appuyer.

Aussi personne ne s'offusqua le jour où, par simple *tweet* à nouveau, l'idole mit fin à l'institution judiciaire, avantageusement remplacée par le système de sondage-minute qui avait si bien réussi en matière législative. Un système généralisé d'*Online Dispute Resolution*, assorti de primes et de bonus, donna bientôt toute satisfaction. Quant aux encombrants Palais de justice, un concours d'idées fut lancé pour décider de leur affectation ; quelques-uns furent transformés en *dancings*, d'autres en centres de *fitness*, la plupart devinrent des studios de télévision – des animateurs y tenaient le haut du pavé, organisant des émissions d'accusation et de confession publiques qui connaissaient un grand succès.

Les mois, et même les années passaient. L'éclairage zénithal était maintenant continu : 24 heures sur 24 les projecteurs braquaient leur lumière crue sur *Binaria*. Étrangement, il en résultait qu'il n'y avait plus ni terre, ni ciel, ni haut, ni bas, ni droite, ni gauche, tout était comme écrasé sous l'implacable lumière méridienne. On en venait à oublier de quel côté se levait le soleil et, la nuit, le ciel s'était vidé de ses étoiles. C'était comme s'il n'y avait plus rien à voir, sinon, parfois, le reflet d'inquiétants mirages. Une sécheresse hostile oppressait les corps usés, toute nuée dissipée, toute rosée évaporée. Avec, en basse continue, l'écho métallique de sons inconnus.

Les hommes allaient, tels des somnambules, leurs paupières atrophiées, les yeux vides, monstrueusement dilatés. Le langage s'était maintenant réduit à presque rien : une langue de bois, quelques dizaines de mots, moins de dix verbes. Du reste qu'avait-on encore à se *dire ?* On ne s'adressait plus vraiment à *quelqu'un*, et les paroles, bavardage confus, avaient perdu leur sens. On avait même cessé de brûler les livres, car plus personne ne les comprenait.

Et ce fut la fin. Du 3, synonyme de pluralité, on était passé au 2 du face à face ; mais, sous l'emprise de l'idole, le 2 se ramenait au 1 – *jamais deux sans moi*. Et maintenant le 1 s'éteignait à son tour, écrasé sous son propre poids. On avait rejoint le zéro : vide, néant, aphasie, encéphalogramme plat. Ce ne fut pas un cataclysme vengeur, un séisme immense, les béliers de l'apocalypse contre la tour lancés. Il se fit seulement qu'un jour les hommes laissèrent tomber l'outil, car ils avaient atteint le point zéro ; ils avaient rejoint le rien. Le néant avait aspiré le dernier mot – et un silence immense se fit. *Binaria,* comme un sablier en bout de course, s'est tassée sur elle-même. Même pas un soupir dans la nuit enfin revenue.

Si nous débattions…

- Quel est le rapport de la dystopie à l'utopie ?
- Comment expliquez-vous le titre de la nouvelle ?
- Pourquoi le droit entretient-il un rapport privilégié au tiers ?
- Qu'est-ce qu'un État de droit ?
- Quel but poursuivent la séparation des pouvoirs et les mécanismes de représentation ?
- Que protègent le principe de légalité et la présomption d'innocence ?
- En quoi l'appauvrissement du langage affecte-t-il le droit ?
- Faut-il poser des limites à la transparence ?
- La vérité en politique n'est-elle qu'un jeu relationnel, une affaire de communication ?
- Quels sont la nature et les effets de l'idolâtrie ?
- Quelle part d'ombre faut-il souhaiter ?

Bibliographie sommaire

- Th. More, *L'Utopie*, (1516), trad. par M. Delcourt, Paris, Garnier-Flammarion, 2017.
- T. Campanella, *La Cité du soleil*, (1602), trad. par A. Tripet, Paris, Mille et une Nuits, 2000.
- J. Servier, *Histoire de l'utopie*, Paris, Gallimard, 1991.
- J. Freund, *Utopie et violence*, Paris, Marcel Rivière et Cie, 1978.
- P. Ricœur, *L'Idéologie et l'utopie*, Paris, Seuil, 1997.
- A. Huxley, *Le Meilleur des Mondes*, (1932) trad. par J. Castier, Paris, Pocket, 2017.
- G. Orwell, *1984*, (1949), trad. par A. Audiberti, Paris, coll. « Poche Folio », 1972.
- R. Bradbury, *Fahrenheit 451*, (1953), trad. par H. Robillot, Paris, Gallimard, 2000.
- A. Damazio, *La Zone du dehors*, Paris, Éditions Cylibris, 2001.
- M. Houellebecq, *Soumission*, Paris, Flammarion, 2015.

- S. Collins, *Hungergames*, 3 tomes (2008, 2009, 2010), trad. du tome 1 par G. Fournier, Paris, coll. « Pocket jeunesse », 2009.
- E. A. Abbott, *Flatland*, (1884), trad. par E. Gilles-Sebaoun, Paris, Denoël, 1998.
- Ph. Roth, *Le Complot contre l'Amérique*, trad. par J. Kamoen, Paris, Gallimard, 2007.
- V. Klemperer, *LTI. La Langue du IIIe Reich*, Paris, Albin Michel, 1996.
- A. von Chamisso, *L'étrange histoire de Peter Schlemihl ou l'homme qui a perdu son ombre*, Paris, Gallimard, coll. « Folio », 2010 (1813).
- P. Emmanuel, *Babel*, Paris, Desclée de Brouwer, 1951.
- E. Godart, *Je selfie donc je suis. Les métamorphoses du moi à l'heure du virtuel*, Paris, Albin Michel, 2016.
- J. Chevallier, *L'État de droit*, 6e éd., Paris, LGDJ, 2017.
- A. Supiot, *La Gouvernance par les nombres*, Paris, Fayard, 2015.
- D. Salas, *Le Tiers pouvoir*, Paris, Fayard, 1998.

Dessine-moi une île de justice

Songe cariocain

23 h 45, l'airbus d'Air France, parti de Paris deux heures plus tôt à destination de Rio, s'apprête pour la nuit. Hôtesses et stewards ramassent les verres des derniers pousse-café et veillent à l'occultation des hublots. Bien calé dans mon siège, avec les sonates pour piano de Mozart dans les oreilles, je me prépare au sommeil.

Tout de même, quelle aventure ! Hier encore je m'apprêtais à passer un week-end tranquille à la maison, lorsque mon patron de thèse a déboulé dans mon bureau, passablement exalté : « une opportunité formidable pour toi : le Congrès annuel de l'Association brésilienne "droit et littérature" – j'ai obtenu que tu sois invité, dès lors que moi-même je dois déclarer forfait : je passe demain sur le billard et je serai hors course durant huit jours. Voilà tes billets et les documents du colloque, boucle ton sac ! ». « Mais je n'ai rien préparé », avais-je tenté d'objecter. « Tu liras ma communication », fit-il d'un ton sans réplique ; « et puis, tu seras verni, toi qui rédiges une thèse sur la "doctrine des deux corps du roi chez Shakespeare" : le colloque se passe dans la somptueuse maison du professeur de Nastro Ceves, sur les hauteurs du jardin botanique de Rio – il possède la plus belle bibliothèque shakespearienne du continent américain », ajouta-t-il, l'œil gourmand. « Je me souviens d'y avoir vu une édition originale de *Romeo et Juliette* en format *in-quarto* publiée en 1599 par Cuthbert Burby et annotée par François-Victor Hugo son traducteur français. Il y avait aussi le synopsis du film *Hamlet* de la main de Laurence Olivier, son réalisateur, et une foule d'autres trésors; la maison regorge de rayonnages, jusque sur les paliers. Tu vas te régaler ! »... et voilà pourquoi je me retrouve ce soir à 30 000 pieds au-dessus de l'Atlantique.

Dernier passage du *steward* et extinction des feux. Je rabats le masque de nuit sur mes yeux et mets Mozart en sourdine. Gagné par le sommeil, j'oscille entre jubilation et une vague angoisse : quelle figure ferais-je au milieu de tous ces spécialistes venus des quatre coins de la planète ? C'est à peine si j'ai enregistré le thème du colloque : quelque chose comme « l'œuvre littéraire que tout juriste devrait avoir lue », ou encore « quel grand livre relatif à la justice emporteriez-vous sur une île déserte ? ». Mes idées commencent à se brouiller, mais un vague malaise me gagne : mon promoteur a-t-il joint sa communication aux documents qu'il m'a fourrés dans les mains ?

Une île déserte ? Pourquoi les îles sont-elles toujours « désertes » ? ou alors, « au trésor » ?, ou « fortunées », ou « mystérieuses » ? – l'île, scène imaginaire où se projettent nos fantasmes, nos peurs, nos rêves, nos désirs d'or et de gloire. Quelle serait mon île à moi ? Je ferme les yeux et j'entends le ressac, les cris des mouettes, je sens le sable chaud sous mes pieds – je vois un homme vêtu d'une peau de chèvre, coiffé d'un chapeau de paille et tenant un perroquet sur le bras : Robinson, évidemment. *Robinson Crusoé :* un grand livre de droit, le livre du droit moderne par excellence : la fondation du droit de propriété sur lequel l'Occident moderne repose. Le seul livre que Rousseau mettra dans les mains de son *Émile*, soucieux qu'il était de lui réserver une éducation vraiment naturelle. Combien d'heures n'ai-je rêvé devant les gravures qui illustraient mon exemplaire d'enfant : Robinson construisant sa cabane, Robinson observant l'océan, Robinson armant ses mousquets...

Plus tard, l'enchantement s'est dissipé et j'ai compris le piège que le livre tendait à Rousseau et tous ses jeunes lecteurs : l'île n'était désirable et édifiante que parce que Defoe y avait préalablement disposé tout ce qui était nécessaire pour en faire le modèle de la colonie parfaite. Les objets tirés du bateau, condensé de civilisation, tout comme l'éducation même de Robinson, naufragé sur l'île à trente ans, démentent le caractère naturel et originaire de l'expérience ; ce n'est pas le droit naturel qui s'invente dans l'île, c'est la suprématie individualiste, industrieuse et marchande qui s'y illustre. Et la propriété qui s'y fonde en termes flamboyants – « j'étais maître et seigneur de tout le domaine ! » – sera désormais la pierre d'angle sur lequel se fonderont les ordres juridiques modernes. La propriété, mais aussi le contrat, car, – s'en souvient-on ? – Robinson sera bientôt rejoint par une foule de gens : Vendredi, son père, l'espagnol, les mutins. Mais chacun, qui aborde sur l'île, devra montrer patte blanche : c'est Robinson qui dicte les conditions de la socialité, c'est lui qui règle, jusque dans les moindres détails, la nature des rapports qu'il consent à établir avec autrui.

Dans la suite, nombreux seront les naufragés littéraires qui, déniaisés, démonteront l'artifice : ainsi la délicieuse Suzanne de Giraudoux, échouée sur les rivages de son illustre prédécesseur, et dont la grâce et l'intuition féminines auront tôt fait de retrouver le naturel de l'île sous les vestiges des pesantes constructions qu'il avait laissées ; ou alors le Robinson de Tournier qui se mettra à l'école de Vendredi et qui ne s'embarquera pas sur le navire pour l'Angleterre à la fin de l'histoire ; ou encore la colonie d'adolescents de *Sa majesté des mouches* qui, loin des *happy ends* hollywoodiens, refera l'histoire du monde en sens inverse, remontant à la horde primitive et au meurtre fondateur, rappelant, au cœur du XXe siècle atomique, combien la civilisation est fragile. Comme si, au miroir de l'île tropicale, l'Occident ne voyait plus que le masque de ses doutes et de sa mauvaise conscience. Robinson, où est ta justice ?

Une autre image me submerge, ma rêverie devient plus gaie : je vois Robinson gagnant la plage au milieu d'une foule de gens. Et au fait, pourquoi pas ? On se souvient que le navire affrété par Robinson depuis le Brésil était destiné à ramener des esclaves noirs d'Afrique pour le plus grand profit de ses plantations de sucre et de tabac, et ce, en violation du privilège royal qui réservait le commerce des esclaves aux monarques portugais et espagnols. Or, le naufrage se produisit lors du trajet d'aller, – à vide donc. Mais que se serait-il passé, je vous le demande, s'il avait eu lieu lors du voyage de retour, le navire chargé à ras bord d'une main d'œuvre noire vigoureuse – des centaines d'hommes et de femmes ? Beau sujet d'écriture, belle expérience de droit alternatif ! L'image de Robinson mijotant dans une marmite bouillante me traverse l'esprit, vite chassée par d'autres plus complexes. Je vois des palabres en rond autour d'un grand arbre, tout un petit monde qui s'affaire, un village qui se bâtit, des rites et des rires, des fêtes et des chants. Une autre île en somme, basée sur les communs et non l'appropriation, une île où les ancêtres, les esprits, les animaux mêmes ont droit de cité... et Robinson rebaptisé *Dimanche*, ou *Lundi*,... juste retour des choses. Ou alors *Black Friday*, par antiphrase et dérision – la colonie en solde, en quelque sorte.

Je me souviens alors que cette histoire s'est produite dans la réalité – suis-je encore dans mon rêve ? C'était en 1761, à quelques jours de mer de Madagascar. La frégate française *L'Utile* convoie une cargaison d'esclaves à destination de l'île Bourbon (la future île de la Réunion). Une erreur de navigation de nuit provoque le naufrage du navire sur les récifs coralliens d'une île minuscule, à peine signalée sur les cartes. L'équipage et une soixantaine d'Africains trouvent un refuge précaire sur l'île balayée par les vents, émergeante à peine de l'océan et totalement dépourvue d'arbres. Alors que le capitaine a sombré dans la folie, le commandant en second parvient à construire une embarcation de fortune ; l'équipage français y prend place, et promesse solennelle est faite aux esclaves de venir les rechercher sous peu. Arrivé à l'île de France (l'actuelle île Maurice), l'officier tente bien d'honorer sa promesse, mais le gouverneur de l'île s'y oppose catégoriquement. Lassé, l'officier rentre en France où son histoire remue un temps l'opinion avant qu'elle ne s'oublie. Finalement, il faudra attendre 1776, quinze ans après le drame, pour qu'enfin un navire français, sous le commandement du chevalier de Tromelin (il donnera son nom à l'île) vienne secourir ceux qu'on appellera les « esclaves oubliés » : seuls sept femmes et un enfant de huit mois avaient survécu. Condorcet relatera l'histoire, pour dénoncer l'inhumanité de la traite, dans son ouvrage, *Réflexions sur l'esclavage des nègres*, publié en 1781 – sous un nom d'emprunt, par crainte de la censure... L'auteur contraint d'écrire sous un pseudonyme, l'enfant trouvé nommé *Moïse*, et sa mère qu'on rebaptise *Ève* alors qu'elle s'appelait *Semiavou* – pourquoi la justice doit-elle s'avancer masquée ?

Mais au juste où se situe l'île de Robinson sur la carte ? A-t-elle lieu quelque part ? Serait-elle seulement une vue de l'esprit, une *utopie* ? Et pourquoi l'idéologie de l'autre est-elle toujours exilée sur des îles qui n'ont pas de lieu, ou pas d'attache, comme cette *Atlantide* submergée que je survole peut-être en ce moment ? Un instant, j'entrevois l'austère figure de Thomas Moore, entraîné dans une folle farandole africaine sous des palmiers tropicaux.

Et puis un souvenir lancinant me tarabuste : cette histoire n'a-t-elle pas déjà été écrite ? Je me vois fouillant la bibliothèque du professeur de Nastro Ceves, et voilà que je mets la main sur le livre recherché : *L'Île des esclaves* de Marivaux. Le maître, Iphicrate, fait naufrage en même temps que son esclave Arlequin (la scène se passe dans l'antiquité quelque part en mer Égée), ils abordent sur... une île habitée par d'anciens esclaves révoltés et libérés. Les choses se retournent donc en faveur d'Arlequin ; je l'entends dire : « Et bien, Iphicrate, tu vas trouver ici plus fort que toi ; on va te faire esclave à ton tour ; on te dira aussi que cela est juste, et nous verrons ce que tu penseras de cette justice-là ». Mais l'heure de la vengeance est passée : si, dans les premiers temps de *L'Île des esclaves*, la règle avait été de tuer les anciens maîtres, la coutume s'est imposée désormais de les corriger par l'exemple et la persuasion. Trivelin, chef de cette république libérée, aura le mot de la fin : « Vous avez été leurs maîtres, et vous en avez mal agi; ils sont devenus les vôtres, et ils vous pardonnent; faites vos réflexions là-dessus ». La pièce date de 1725, six ans après *Robinson Crusoé* et dix ans après la mort de Louis XIV; le siècle est, en effet, à la « réflexion »... elles aboutiront un demi-siècle plus tard.

L'esclavage n'était pas aboli pour autant, même dans la nation qui se présentait comme « patrie des droits de l'homme ». En rangeant le livre, je tombe sur un autre de la même veine (les livres sont rangés par thème, comme dans les bonnes bibliothèques) : *L'Affaire de l'esclave Furcy* de Mohammed Aïssaoui. Étonnante histoire d'un indien, Furcy, qui mènera pendant vingt-sept ans un combat judiciaire devant les tribunaux français (à l'île de la Réunion, puis à Paris) pour que soit reconnu son affranchissement, alors même que son maître entendait bien le maintenir en état de servitude. Mais comment prouver son droit alors que son titre avait été subtilisé et que n'existait aucune archive de l'esclavage? Furcy s'accroche néanmoins, et, avec l'aide d'un « petit procureur » sensible à sa cause (magistrat qui sera immédiatement sanctionné par un renvoi en métropole), il parviendra finalement jusqu'en Cour de cassation à Paris. En 1843, soit cinq ans avant l'abolition générale de l'esclavage en France, la Cour de cassation consacrera son bon droit. Grande leçon : la justice passe aussi par les plus humbles documents; et le « droit à avoir des droits » dont parle H. Arendt, commence par le droit aux « papiers ». Et puis aussi ceci : il n'y a pas de droit sans « combat pour le droit »; sans plaideurs acharnés, sans magistrats courageux, la justice sommeille dans les textes.

Turbulences, annonce nasillarde au micro, demi-sommeil.

J'entends une voix, non celle du pilote, une voix sonore, et magistrale. Je crois reconnaître la voix de mon patron m'intimant l'ordre de faire sa communication ; non, ce n'est pas cela. Je tends l'oreille au milieu des vrombissements de l'avion. C'est Hugo ; non pas François Victor, le fils traducteur, mais Victor, le père. Une statue immense domine les flots ; nous sommes à Guernesey. Du haut de son exil, Hugo toise la France, celle de Napoléon III qu'il appelle « le petit ». Sa voix fait trembler tout l'univers et c'est comme si sa main dressée appelait le feu du ciel pour qu'il fondît sur la nation. Il écrit *Les Misérables* qui sont comme l'épopée de la canaille, et le grand cri dont résonne tout le XIXe siècle. Les flots grondent autour de lui, l'écume le recouvre ; je l'entends pourtant : « le droit se meut dans le juste, la loi se meut dans le possible ; le droit est divin, la loi est terrestre. Le droit est insubmersible. Pour que tout soit sauvé, il suffit que le droit surnage dans une conscience. On n'engloutit pas Dieu ».

Les flots se calment, le prophète étend la main : « Oui, tendons-nous tous la main. Que les grands aient pitié des petits, et que les petits fassent grâce aux grands. Quand donc comprendra-t-on que nous sommes sur le même navire, et que le naufrage est indivisible ? Cette mer qui nous menace est assez grande pour tous, il y a de l'abîme pour vous comme pour moi ». Et puis encore ceci, presque inaudible « Il se passera du temps encore avant que la justice des hommes ait fait sa jonction avec la justice. »

Du temps, en effet. Temps suspendu de la nuit, sommeil des consciences, rêve des institutions. Et des îles encore, des îles peu hospitalières, battues par les flots, aux rives escarpées. Des bagnes, des pénitenciers dont on ne s'enfuit pas. Des îles pour assigner les hommes à résidence, les enterrer vivants. Tout à l'heure l'île u-topique, terreau des larges projets, tremplin des grands changements, et maintenant l'île a-topique, tombeau qui se referme sur des destins brisés. Qui donc es-tu, là-bas, petit homme gris à lunettes, qui t'échine sur une pierre ? Dreyfus, sans doute – il faudra la plume enflammée de Zola pour te sortir de cette géhenne. « *J'accuse !* » ; oui, la justice passe par l'accusation plus que par la défense quand l'ordre du monde est injuste.

Je ne me détache pas de ces rives désolées, les images se succèdent : le château d'If du Comte de Monte-Cristo, Alcatraz, *La Colonie pénitentiaire* de Kafka. Étrange justice que celle de cette colonie pénitentiaire : le commandant disparu, les suspects systématiquement condamnés, la sentence illisible qui s'inscrit par mille aiguilles sur la peau du condamné, la machine des supplices, l'extase de la sixième heure. Dans mon rêve, je comprends maintenant que l'officier nostalgique de la loi ancienne, c'est Kafka lui-même. C'est lui, bien sûr, qui tente vainement de reconstituer les instructions de l'ancien commandant, c'est lui qui se couchera sur la machine des supplices dans l'attente exaltée de la sixième heure, celle où la sentence enfin écrite à même le corps lui permettra de renouer avec la loi. Mais voilà que la machine se dérègle, agitant follement ses aiguilles, et, comme lui, comme le voyageur, témoin muet de la scène, nous resterons dans l'ignorance de la loi. Comme Joseph K qui ne saura jamais ce qu'on lui reproche, comme K, l'arpenteur qui n'obtiendra jamais le sauf-conduit pour le *Château* où il est pourtant convoqué, comme « l'homme de la campagne » qui se consumera devant les « portes de la loi » qui pourtant étaient ouvertes, rien que pour lui. Dans mon sommeil agité il me semble deviner alors qu'il y a quelque chose de plus pénible qu'une loi dure et cruelle, c'est l'absence de loi, ou une loi rendue inintelligible par les imposteurs qui s'en prétendent les relais. Cette colonie pénitentiaire ne permet de rien expier puisque le procès fut une comédie absurde et que la loi elle-même s'est évaporée.

Mes écouteurs me gênent dans mon sommeil; j'entrouvre les yeux et je distingue, sur l'écran d'un de mes voisins, notre plan de vol, avec notre petit avion perdu quelque part au milieu de l'Atlantique. Nouvel endormissement, idées confuses. Je crois distinguer sur l'eau un canot, un frêle esquif en mauvaise posture; c'est *le radeau de La Méduse.* Les naufragés sont épuisés, ils ont à peine la force d'agiter les bras. Au milieu d'eux, surgit la figure sévère de mon professeur de morale du collège ; sujet du jour : « Est-il permis, pour assurer sa propre survie, de manger un compagnon d'infortune alors qu'il est certain que ses chances de survie seraient nulles, ou – variante –, alors qu'il est déjà mort ? ». J'entame laborieusement ma dissertation : thèse, antithèse, synthèse. *Disputatio pro et contra.* Dans le cas de *La Méduse,* les rescapés n'ont pas été attraits en justice, pour un peu on les aurait félicités ; mais quelques décennies plus tard, dans le cas du yacht *La Mignonnette,* coulé au large du cap de Bonne-Espérance, le capitaine et un marin qui avaient tué le mousse du bord agonisant pour boire son sang, furent inculpés de meurtre dès leur débarquement en Angleterre. Ils furent condamnés à mort avec, cependant, « recommandation de miséricorde ». Effectivement, la reine Victoria leur accorda sa grâce, et leur condamnation fut commuée en six mois d'emprisonnement.

Manger ou être mangé ? Voilà la question. Mauriac, juriste pascalien passablement pessimiste, parlait de « loi de l'entre-dévorement » à propos de la condition humaine ; il a écrit aussi : « rien de plus horrible que la justice humaine lorsqu'elle est séparée de la charité ». Aujourd'hui, les techniques se modernisent, mais les dilemmes moraux demeurent. Sur le site internet *moral machines* on trouve exposés des cas de conscience que n'auraient pas désavoués les canonistes du Moyen Âge : par exemple, quel comportement doit adopter une voiture sans conducteur au cas où elle ne peut sauvegarder la vie de ses passagers qu'au prix de la mort de piétons ? Scénario numéro 1 : une voiture autonome, avec défaillance soudaine de ses freins, doit-elle foncer sur un groupe de piétons (dont il est précisé qu'ils sont cinq : un bébé, un criminel, un sans-abri, une fille, un garçon, étant entendu par ailleurs qu'ils traversaient au feu rouge, en violation de la loi) ou plutôt éviter ceux-ci et s'écraser sur un obstacle, causant la mort des trois occupants (dont il est précisé qu'ils sont « en surpoids ») ? Le public est invité à juger, et même à suggérer de nouveaux scénarios... On n'arrête pas le progrès, vive la justice électronique, plus besoin même d'île déserte pour réfléchir à la justice en situation ! Il n'empêche, ces scénarios catastrophes m'ont à moitié réveillé. Entrouvrant les yeux, je ne peux m'empêcher d'évaluer à la dérobée l'état de santé et le poids de mes voisins... un accident est si vite arrivé !

J'ai dû m'assoupir à nouveau. Je rêve maintenant que le président de séance, à moins que ce soit l'hôtesse, m'assigne un thème obligé : « La parole est à notre jeune collègue belge, qui va nous entretenir du thème : "insularité, piraterie et mutinerie". » Où ai-je donc été chercher ce sujet?... Le stress, comme à l'époque des examens; vite, dire quelque chose... Bon, je me jette à l'eau, c'est le cas de le dire : « Mesdames, messieurs, chers collègues, la piraterie est aussi ancienne que la navigation maritime » – on a fait mieux en matière d'originalité, mais au moins me voilà lancé. « Mais, selon les lieux et les époques, la piraterie sera tantôt poursuivie et durement châtiée, tantôt tolérée et même discrètement soutenue par les autorités » – nettement meilleur, et typiquement universitaire. Je respire et reprends mon souffle ; « à côté de pirates sanguinaires, sans foi ni loi – faut-il évoquer Barbe Noire ou Rackham le Rouge ? –, nous avons les boucaniers qui fleurent bon l'exotisme caribéen et évoque nos romans de jeunesse, et puis aussi les corsaires qui sont, si on ose dire, les pirates officiels de Sa Majesté. La France a eu Surcouf, l'Angleterre aura Francis Drake – fameux gaillard celui-là : débutant comme vulgaire trafiquant d'esclaves, il se distingue dans le harcèlement des galions espagnols et portugais, et finit par en faire tant, que la reine d'Angleterre, Elisabeth Ire, le recrute à son service personnel, le fait chevalier, lui offre son portrait (où va-t-il l'accrocher ?), et l'envoie défaire l'« invincible armada » espagnole, avec le grade de commandant en second de l'escadre britannique. Autrement dit, la piraterie est traitée en fonction des intérêts supérieurs du pays ; aussi, quand la Grande Bretagne sera devenue à son tour la première puissance maritime et coloniale au monde, son attitude changera du tout au tout : à partir de 1717 (deux ans avant l'écriture de Robinson, notez-le bien), une loi anglaise punit de mort le pirate, qualifié désormais de « *hostis humanis generis* ».

Je lève les yeux pour mesurer mon effet, – plutôt mitigé à en juger par la mine sévère de l'hôtesse assise au premier rang; où est l'erreur? Ah, bien entendu, – le rapport de tout cela avec les îles? Je reprends: « Il semble bien que les îles présentent un rapport consubstantiel avec la piraterie, comme du reste aussi avec les mutineries qu'on aborde bientôt ». D'abord, bien entendu, parce que « mystérieuses », « désertes », elles servent de refuge naturel aux frères de la côte. Je me souviens par exemple d'Astypalea, une des îles grecques de l'archipel du Dodécanèse : avec sa forme de papillon posé sur la mer, elle était un repaire idéal pour les flibustiers – ayant établi leur base dans un double port, sur chaque rive de l'endroit le plus resserré, au milieu des deux ailes, il leur suffisait de fuir par le côté opposé à la menace – mais ce souvenir personnel a-t-il sa place dans une communication universitaire? Je vois le regard noir de l'hôtesse, maintenant rejointe par tout l'équipage, s'alourdir sur mes épaules.

Vite repartir, avec, si possible, une pensée bien sentie. « De tout temps, l'île opère, dans notre imaginaire, comme une scène vide, l'espace de projection de nos fantasmes, de nos peurs, de nos désirs. Terre vierge, elle est le lieu de tous les commencements, la pierre de touche de nos expériences, le miroir de nos idées en devenir. Souvent, dans la littérature, elle sera le théâtre de nos dilemmes moraux et de nos questionnements philosophiques les plus fondamentaux. Il faudrait relire l'*Odyssée* en ce sens; on verrait que toutes les îles qu'aborde Ulysse sont l'occasion d'une expérimentation des limites de l'humain, confronté tantôt aux monstres, tantôt aux géants, tantôt aux dieux eux-mêmes. "Qui es-tu?", demande-t-on à Ulysse, et celui-ci de répondre : "mon nom est personne" – personne, c'est-à-dire tous et chacun, un être indéterminé, toujours en devenir. En ce qui concerne l'institution du droit et de la justice, on peut faire l'hypothèse que s'y joue la question de la sortie, oui ou non, de l'état de nature. »

Cette fois, j'ai marqué un point, je m'offre un temps d'arrêt prolongé, question de suggérer la profondeur de cette idée. « Et c'est ici, Mesdames, messieurs, chers collègues, que nous retrouvons le lien avec la piraterie – cette geste héroïque qui fascine et terrorise, ce crime que tantôt on punit et tantôt on soutient. Avec elle, c'est la frontière de l'ordre et du désordre, la distinction de la légalité et du non-légal qui se cherche. C'est ce que raconte Robert Louis Stevenson dans son "*Île au trésor*", qu'on aurait tort de prendre seulement pour un roman à destination des adolescents – sauf à remarquer que, précisément, l'adolescence est l'âge de l'ambivalence, et notamment, de la recherche du bien et du mal. Sur le brick-goélette *Hispaniola*, le jeune Jim Hawkins est fasciné par John Silver, célèbre pirate, embarqué sous une fausse identité, qui prépare une mutinerie à l'occasion de la chasse au trésor sur l'île. L'homme est son mentor, et sa vie héroïque fait de lui l'icône du jeune marin. Mais, lorsqu'il apprend les noirs desseins de Silver, Hawkins écoutera plutôt son devoir et dénoncera le complot au capitaine Smollett, en dépit de la froide distance dans laquelle celui-ci le tenait. L'île au trésor devient ainsi le champ où se déroule le combat entre, d'un côté, l'état de nature, jungle sans foi ni loi, mais aussi séduisante promesse de liberté et de chaude camaraderie, et, de l'autre côté, l'état civil, l'ordre, la règle, l'austère discipline qui prévaut sur les vaisseaux de la *Royal Navy*. Un ordre qui est synonyme de cohérence et d'impartialité : le médecin du bord soignera avec une égale attention les rebelles comme les membres d'équipage restés fidèles au drapeau ; quant au capitaine, il refusera toute forme de compromis avec les mutins ; sans haine, comme sans pitié, il se prépare à les ramener en Angleterre pour y être jugés dans les formes. »

Je marque une pause à nouveau ; mon auditoire s'est encore modifié. Ce sont maintenant plusieurs rangées de juges anglais, enfarinés et emperruqués, qui me dévisagent avec attention. Une pensée subversive me vient à l'esprit, mais oserai-je la formuler devant un aréopage aussi impressionnant ? – c'est que, me dis-je à part moi, l'ordre prévaut peut-être, mais finalement les autorités officielles ne cherchaient-elles pas le trésor avec la même avidité que les pirates ? Et si elles remportent finalement la partie, n'étaient-elles pas aussi démunies de titre juridique que les flibustiers ? Qu'elle est donc ténue la frontière du légal et de l'illégal ! Du reste, pour faire triompher l'ordre et la loi, Hawkins a dû lui-même en user comme d'un pirate – n'a-t-il pas dû lui-même se rendre maître du navire ?, pour la bonne cause sans doute, mais tout de même...

Je me dis aussi que ces îles, plus si désertes que cela maintenant, ces îles qui, hier, abritaient les flamboyants hors-la-loi, vont bientôt se transformer en bagnes, mais aussi, pourquoi pas, en vastes machines à redresser les consciences. Ainsi l'Australie, l'île à la taille d'un continent, qui était hier peuplée de *convicts*, gibiers de potence des tribunaux anglais, et qui, aujourd'hui, apparaît comme un fleuron du *Commonwealth* britannique.

Mais voilà que mes juges me rappellent sévèrement à l'ordre ; je les avais un peu oubliés, à vrai dire. « Très joli, jeune homme », me lance le président, « mais sans pertinence pour l'affaire de ce jour. Je vous rappelle que c'est du thème de la justice en rapport avec les îles que nous avons à débattre aujourd'hui – "quel livre concernant la justice emporteriez-vous sur une île déserte ?", – alors, qu'avez-vous à dire pour votre défense... ? » J'essaye à grand peine de rassembler quelques bribes de théorie. Je pense à mon maitre Perelman : « La règle de justice consiste à traiter également ceux qui sont dans la même situation, et de façon différente ceux qui sont dans une situation différente » – très beau, mais que veut dire « être dans la même situation » ? Je risque Ulpien : « *suum cuique tribuere* », « rendre à chacun son dû » – très bien, mais que lui devait-on, au juste ? Ou alors Aristote : sa fameuse différence entre justice commutative et justice distributive : ce sera ou bien des parts équivalentes, indépendamment de la différence des personnes, ou bien des parts différenciées en fonction des mérites : justice privée des échanges particuliers dans un cas, justice sociale des distributions publiques dans l'autre cas. Égalité arithmétique contre égalité géométrique; la première, aveugle et réductrice, la seconde, les yeux ouverts sans doute, mais toujours menacée d'être myope ou éblouie.

Je reprends pied, et maintenant j'abats ma carte principale : John Rawls : 600 pages pour décrire un tour de magie éthique : « la position originelle sous voile d'ignorance » qui, infailliblement, selon une « justice procédurale pure », produira les principes de justice valables sous toutes les latitudes et à toutes les époques. La *position originelle*? Une nouvelle île en somme : des négociateurs sous cloche, coupés du monde, négociant *tabula rasa*, ignorants de la position qu'ils occupent dans le monde réel, s'accordant sur des principes impartiaux qu'ils ne pourraient qu'accepter rationnellement, une fois « revenus sur terre », même s'ils s'avèrent qu'en définitive ils ont hérité des cartes les plus défavorables. Ah, la belle fable qu'écrit Rawls !, comme elle est commode la clause « toutes choses égales par ailleurs » !, l'île de justice en technicolor et effets spéciaux hollywoodiens...

Je veux en avoir le cœur net et redescendre sur terre précisément. Prenons une île au hasard : cette *Laputa* (tiens, tiens,...) par exemple, que Gulliver, marin irlandais, visite au cours de ses voyages. *Laputa*, l'île flottante, domaine privé du roi, qui plane au-dessus du territoire de *Balnibarbi*, habité par de pauvres hères en haillons : la fable politique est transparente; qu'est-elle, en effet, cette *Laputa* (dont le sens est fort clair à une oreille latine), sinon l'Angleterre dominatrice, trônant au-dessus du territoire de ces infortunés irlandais que Swift, leur compatriote, traitait volontiers de « *barbarians* » (*Balnibari*) ? D'un côté, une petite caste de dominants, savants fous aussi ridicules qu'intraitables, de l'autre, un peuple exploité et miséreux. Sur une idée empruntée à Homère (l'île d'*Éolie*, au chant X de l'*Odyssée*), Swift offre ici sa plus féroce satire politique. Dirigée par son aristocratie inflexible, l'île soumet les territoires qu'elle survole au plus draconien des régimes : le monde d'en bas est tenu de travailler pour elle sous la menace, au choix, d'un bombardement, de l'écrasement total, ou, au mieux, de privation de soleil et de pluie. Dans leur magnanimité, les laputiens consentent à laisser pendre des ficelles des étages supérieurs de l'île, auxquelles les peuples exploités peuvent accrocher des pétitions... que personne ne lit, bien entendu. Où se situe alors la « position originelle sous voile d'ignorance » ? En haut, à *Laputa*? En bas, dans le territoire de *Balnibarbi*? Entre les deux? Où trouver les principes d'une « justice procédurale pure » ? Que reste-t-il de l'égalité proportionnelle et de la justice distributive, dès lors que les laputiens ne distribuent que les contraintes et la pauvreté ?... « Allons », me dis-je, « tout cela n'est que fiction et histoire ancienne, et ce sont des mauvaises langues qui soutiennent qu'aujourd'hui l'écart de richesses entre régions du monde est de 1 à 70... »

Choisissons, me dis-je dans ma rêverie, une autre île au hasard, question de vérifier si, sur le plan de la justice commutative au moins, les choses sont plus réjouissantes et les balances mieux équilibrées. Je vois la lagune de Venise et son archipel à la Renaissance ; Venise, perle de la Méditerranée où tout s'échange et tout se risque. Ici se croisent, dans un fascinant tohu-bohu, les populations les plus diverses, du Levant comme de l'Occident. Ici, marins, ambassadeurs, banquiers, courtiers se livrent aux trafics les plus divers ; les fortunes se font et se défont au gré des coups de dés, des spéculations et de la fortune de mer. Le tout sur fond de fête endiablée et de carnaval permanent : on se travestit comme on respire, on n'avance que masqué. Mais qui est ce personnage, somptueusement vêtu, à l'air abattu (« *sad* », dit Shakespeare) ? C'est Antonio, le *Marchand de Venise*; et pourquoi donc aborde-t-il Shylock, le prêteur juif, son ennemi juré, sorti tout droit du *ghetto* (le terme est forgé à Venise) avec son étoffe jaune cousue sur le vêtement? C'est qu'il a besoin d'urgence de 3000 ducats, lui qui a follement risqué toute sa fortune dans d'improbables aventures maritimes. Shylock sent que, pour la première fois, l'homme est à sa portée, sans doute même en son pouvoir, alors il joue lui aussi son va-tout : d'accord pour 3000 ducats, mais, en guise de clause pénale, au cas où la dette ne serait pas honorée le jour dit, il prélèvera une livre de chair sur le corps du marchand. Plaisanterie (« *merry sport* », dit Shakespeare) ? Pas vraiment – Shylock pressent qu'il pourra enfin se venger légalement de l'ennemi héréditaire, tandis que Antonio y consent sans discuter, jouissant de ce nouveau frisson du tout pour le tout (et sans doute assuré que, quoi qu'il arrive, un armateur vénitien est *to big to fail*). C'est : passion vengeresse contre passion perverse, avec un titre juridique, le fameux billet à ordre, pour instrument et enjeu – la convention, juridiquement discutable, est psychologiquement indéfectible.

Les images se bousculent : je vois maintenant Antonio dépoitraillé, à genoux, et Shylock aiguisant son grand couteau – « *I crave the law,* j'exige mon droit » lance-t-il d'une voix sourde. Et voilà maintenant que Portia, déguisée en savant juriste (le masque encore), vient plaider la clémence (*mercy*) avec des accents déchirants. Tout Venise s'y met, le doge lui-même, les amis d'Antonio, rien n'y fait. Alors le clan des Vénitiens se venge : si le juif veut la livre de chair, très bien, mais gare à lui : s'il fait couler une goutte de sang, lui l'étranger, c'est la condamnation à mort assurée. Alors Shylock s'effondre : il était écrit qu'un juif ne l'emporterait jamais contre un spéculateur vénitien – on ne fait pas tomber le casino. Le voilà dépouillé de ses biens et condamné à se convertir à la religion chrétienne. Il disparaît de la scène, tandis qu'Antonio et ses amis vont poursuivre la fête dans une île voisine. Et que retiendra la doctrine juridique? Le beau plaidoyer de Portia, l'hymne à la clémence, la nécessité de tempérer les rigueurs de la loi par l'équité – sauf que parfois, comme ici, la lettre de la loi protège le plus faible, et que les belles paroles en faveur de l'équité ne sont que le voile masquant les turpitudes des plus forts. Ici le « voile d'ignorance » de Rawls n'aura servi que l'indifférence du clan des Vénitiens à l'égard des prêteurs juifs qui financent leurs aventures, et sa « position originelle » ne traduit que le refoulement des marginaux dans des *ghettos* garantissant un rigoureux *apartheid.*

Ce n'est donc pas encore ici que je trouverai une île de justice. Mais ma rêverie à propos du *Marchand de Venise* réveille mes connaissances de spécialiste de Shakespeare. Il doit bien y avoir d'autres îles dans le corpus?... Mais, oui, évidemment : *La tempête*, le naufrage, et l'île « pleine de bruits, de sons et d'airs mélodieux qui enchantent ». Ici peut-être, la justice? Tout commence par un complot cependant : Prospero, habitant de l'île, met en œuvre ses pouvoirs de magicien pour y attirer, à la faveur d'une tempête et d'un naufrage, son frère et ses alliés qui lui avaient ravi son duché de Milan. Va-t-il les envoûter, les soumettre à une cruelle vengeance? Non pas? : « la part la plus noble de ma raison doit vaincre ma colère », déclare-t-il; et aussi « il est plus grand d'être vertueux que de tirer vengeance ». Aussi renonce-t-il à ses sortilèges; il brise sa baguette de magicien et accorde son pardon à tout le monde, non sans avoir récupéré son duché cependant, et marié sa fille Miranda au fils du roi. Mais entre vengeance magique et pardon généralisé, ce n'est pas encore la justice que produit Prospero, et même le pardon qu'il accorde procède plus d'une volonté personnelle de maîtrise rationnelle des pulsions que d'un véritable souci d'autrui – je me souviens d'avoir souvent cité Yves Bonnefoy, son traducteur, à ce sujet.

À tout prendre, je préfère l'île de Sancho Pança; on l'appelait *Barataria* pour signifier son peu de prix; du reste, ce n'était même pas vraiment une île. On l'en a fait gouverneur, par manière de dérision. On se rit de lui, on le trompe de mille façons; mais l'homme résiste, s'acquittant de sa charge de carnaval avec une conscience et un à propos qu'on ne voyait pas souvent chez les gouverneurs mieux nés. Don Quichotte lui avait recommandé de faire peu d'ordonnances, et seulement de celles qui se puissent être observées; Sancho fit profit de cette maxime pour le plus grand bonheur de ses sujets; et il se dit même que certaines de ses lois sont toujours en vigueur aujourd'hui. Voilà maintenant qu'on lui soumet toutes sortes de cas à juger, plus embrouillés les uns que les autres; et le diable d'homme de rendre justice avec une sagesse digne de Salomon – « quand les opinions balancent, aie recours à la miséricorde », pensait-il. Une ribaude se plaint-elle d'avoir été violée par tel manant? Sancho condamne l'homme à lui payer vingt ducats; puis, l'instant d'après, il lui ordonne de poursuivre la femme et de lui reprendre la bourse. Mais la vilaine de se défendre bec et ongles, tant et si bien, que tout penaud, notre homme revient au tribunal les mains vides. Et notre nouveau Salomon de conclure : « ma sœur, si pour défendre votre corps vous eussiez employé autant de force et de courage, les forces d'Hercule ne vous auraient pas fait violence »... J'ai vaguement conscience que l'histoire ne serait plus tout à fait politiquement correcte aujourd'hui, mais je rêve, n'est-ce pas, et les rêves sont comme une trêve, l'occasion de toutes les transgressions.

Demi-sommeil encore, yeux entrouverts, l'écran de mon voisin m'apprend que nous survolons *Trinidad*, l'île de la Trinité, à quelques encablures du Venezuela. Je me recale dans mon fauteuil, espérant dormir une heure ou deux encore. Trinité, pourquoi donc? Je rêve maintenant que le thème du colloque est le jugement dernier. Bonne question au fond : quelle justice, quelle procédure pour le jugement dernier? – il serait temps de se le demander...

Je vois deux vieux messieurs jouant aux échecs et en grande conversation; l'un, très âgé, portant beau, est gratifié d'une longue barbe blanche, l'autre plus petit, est aveugle et parle avec un fort accent argentin, je comprends qu'il est bibliothécaire et qu'il écrit une *Histoire de l'éternité*. Condamné à mort, j'apprends qu'il a obtenu de son partenaire (dont je devine qu'il s'agit de Dieu le père) le privilège de terminer l'écriture de ce texte, l'œuvre de sa vie. Aussi ne se gêne-t-il pas pour faire durer le plaisir. Dans un premier temps, il a exigé de pouvoir disposer de tous les livres qui ont été écrits, ce qui lui a été accordé; puis il a imaginé les plans de la bibliothèque infinie susceptible de les accueillir, ensuite il a travaillé au principe logique de leur classement. Son œuvre, explique-t-il au vieillard, sera comme le livre unique susceptible de les contenir tous. Mais auparavant il doit encore traiter quelques questions épineuses; comme, aujourd'hui, le problème des critères du jugement dernier. « Car enfin », explique-t-il, « s'il est vrai que votre fils a pardonné à la prostituée et au publicain, que pourrait-il nous être reproché à nous, gens ordinaires ? Et si l'ouvrier de la dernière heure est payé au même salaire que celui qui s'échine depuis le matin, sur quelle balance peser les mérites ? ».

Le vieillard semble embarrassé ; « le monde est si mauvais », maugrée-t-il, « j'aurai tout essayé : d'abord le déluge, puis le sacrifice de mon fils,... ils ne veulent rien entendre ». « Mais s'il se trouvait seulement cent justes », objecte l'écrivain, « ne serait-il pas inéquitable de condamner l'humanité tout entière ? » – le vieillard en convint. « Et s'il n'en restait que dix, votre fils n'a-t-il pas enseigné qu'il y avait plus de joie au ciel pour une brebis égarée rentrée au bercail que pour les cent autres qui s'y trouvaient déjà ? », accord, ici encore. S'enhardissant, le bibliothécaire aveugle se redresse et dit maintenant : « et s'il ne restait qu'un modeste écrivain attaché à une histoire interminable de l'éternité ? » – et là-dessus le vieillard partit d'un formidable éclat de rire, un rire qui fait trembler l'univers.

Tout se bouscule, tout se brouille, je vois maintenant l'écrivain aveugle parcourir la bibliothèque du professeur de Nastro Ceves, comme un immense labyrinthe avec une foule de miroirs et de travées qui bifurquent ; perché en haut d'une échelle, il me lance d'un air goguenard : « cherche bien, le secret de la justice est quelque part, caché dans un de ces livres »...

Soudain un choc, je me réveille en sursaut, j'ai les oreilles qui bourdonnent – et les gens qui applaudissent autour de moi. Réveil brutal sur la piste de Rio : heureusement, le soleil est au rendez-vous, et la vue superbe. Puis ce sont les formalités habituelles : contrôle des passeports, récupération des bagages, dernier passage de sécurité.

Dans le bus qui me conduit aux environs de l'hôtel, je serre mon sac sur mes genoux, et puis soudain une angoisse : ai-je bien la communication de mon patron ? Une fouille rapide confirme l'évidence : à part la lettre officielle d'invitation et le programme du colloque, rien. À côté du nom de mon promoteur, je lis « *libres propos*, tbc »... tbc : *to be confirmed*,... et l'homme qui est injoignable pendant huit jours – me voilà bien avancé ! Que vais-je donc pouvoir raconter ?

Si nous débattions…

- De quelles îles parle cette nouvelle ? Quels aspects de la justice illustrent-elles successivement ?
- Connaissez-vous d'autres îles qui pourraient figurer dans cette nouvelle ?
- Quel est le rapport entre la justice distributive et la justice commutative ?
- À propos du cannibalisme des naufragés, la nécessité peut-elle justifier le meurtre ?
- Quels rapports peut-on établir entre le droit et la littérature ?

Bibliographie sommaire

Par ordre d'apparition dans le texte :

- J. Schalansky, *Atlas des îles abandonnées*, traduit par E. Landes, Paris, Arthaud (Flammarion), 2017.
- D. Defoe, *Robinson Crusoé*, traduit par P. Borel, Paris, Gallimard, coll. « Folio classique », 2001. Pour un commentaire, sur le rapport au droit, v. F. Ost, *Raconter la loi. Aux sources de l'imaginaire juridique*, Paris, Odile Jacob, 2004, p. 214 s.
- J. Giraudoux, *Suzanne et le Pacifique*, Paris, Grasset, coll. « Le livre de poche », 1977 (1921).
- M. Tournier, *Vendredi ou les limbes du Pacifique*, Paris, Gallimard, coll. « Folio classique », 1972.
- W. Golding, *Sa majesté des mouches*, traduit par L. Tranec, Paris, Gallimard, coll. « Folio », 1998 (1954).
- I. Frain, *Les Naufragés de l'île Tromelin*, Paris, Michel Lafon, 2009.
- Marivaux, *L'Île des esclaves*, Paris, Gallimard, coll. « Folio classique », 2014 (1725).
- M. Aïssaoui, *L'Affaire de l'esclave Furcy*, Paris, Gallimard, coll. « Folio », 2010.

Aux marges du Palais

Lu, ce matin, dans le *Bulletin de l'association de la noblesse du royaume de Belgique,* n° 293, janvier 2018, cette étude : *Les Confidences du mammouth,* par le Chevalier Jean de Codt, Premier président de la Cour de cassation de Belgique, p. 7-17. L'article, très savant, est consacré au Palais de justice de Bruxelles, et à son architecte, Joseph Poelaert. À la page 10, ce passage (c'est le cas de le dire) étonnant : « d'après l'historien anglais James Welles, Poelaert était proche d'un courant de pensée qu'on appelle l'ésotérisme. L'ésotérisme croit qu'il existe des mondes parallèles, avec des points de contact entre ces univers voisins. Le Palais de justice de Bruxelles contiendrait précisément un passage secret permettant d'aller de la ville de Bruxelles que nous connaissons vers un Bruxelles alternatif situé dans un monde différent ». Et puis cette conclusion, plus étonnante encore : « Le Palais a été construit pour durer, et, dans son âme de pierre, il doit se dire "rira bien qui rira le dernier" ».

Quelques précisions, tout d'abord, pour les malchanceux qui, n'ayant jamais mis le pied à Bruxelles, ignorent tout de son Palais de justice. Ne boudons pas notre plaisir : pour une fois, les Belges, que l'on dit voués aux petites choses, et, pour tout dire, incapables de grandeur, ont fait vraiment fort – car, oui, n'ayons pas peur des mots, ce Palais de justice fut et reste... le plus grand du monde. Avec une surface bâtie de 26 006 m^2, il dépasse de loin la basilique Saint-Pierre de Rome, et on a calculé que si on disposait, bout à bout, toutes les pierres de taille ayant servi à sa construction, on dépasserait la distance de la terre à la lune. Son portique d'entrée, surmonté du buste de Thémis, s'élève à 39 mètres de haut, donnant accès à une immense salle, dite des *pas perdus*, qui culmine à une hauteur de cent mètres sous la coupole centrale – ce qui en fait la plus haute salle couverte au monde.

Avec ses colonnades titanesques, ses escaliers monumentaux, ses pilastres, ses statues assyriennes, égyptiennes, grecques et romaines, le Palais offre un spectacle que les observateurs ont qualifié de « piranésien » – « un rêve de Piranèse ».

Poelaert, que rien n'arrêtait (et certainement pas les contraintes du budget de l'État) avait même prévu de le surmonter d'une pyramide, à la manière des *ziggourats* babyloniens, mais finalement, comme il décéda quatre ans avant la fin du chantier, ses successeurs optèrent pour un dôme plus classique. Ceci dit, les praticiens vous diront que l'essentiel de la vie du Palais et des justiciables se passe dans les sous-sols, où, au hasard de couloirs labyrinthiques, on trouve justices de paix, tribunaux de police et autres improbables locaux des greffes.

Soit. Mais revenons à nos passages secrets et autres tours de passe-passe. Quel motif a-t-il pu pousser l'éminent magistrat à prêter quelque crédit à des rumeurs si fantaisistes, – aussi anciennes, du reste, que le Palais lui-même ? Comme on ne peut soupçonner un esprit aussi sérieux que celui du Premier président de la Cour de cassation d'abuser de substances hallucinogènes ou de se laisser entraîner à de paresseuses rêveries, il doit bien y avoir quelque explication. Et que signifie cet avertissement, en forme de menace à peine voilée : « rira bien qui rira le dernier ! » ? Peut-être un signal d'alarme, une manière de *coming out*, le cri du cœur d'un grand serviteur de la justice, écœuré par ce qu'il dénonce : « l'absence de vision sur la place de la justice dans nos institutions...

Négligé, sali, squatté, engoncé dans sa gangue d'échafaudages, le Palais martyrisé symbolise aujourd'hui la décrépitude de l'institution, comme autrefois, dans sa première splendeur, il en reflétait la majesté ».

Peut-être, sans doute,... N'empêche que voilà relancée une fascinante interrogation : les passes de la justice, la justice et son double, l'ombre de la justice... Une nouvelle enquête s'impose.

Une visite des lieux confirme ce qu'on devinait ou savait déjà : le caractère labyrinthique du Palais, ses couloirs interminables, ses escaliers improbables se perdant dans les hauteurs ou s'enfonçant dans les entrailles de la terre (construit sur un terrain en forte déclivité, le Palais accuse plus de 21 mètres de dénivelé entre son entrée principale et l'accès à la rue des Minimes en contrebas), ses impasses nombreuses, ses portes condamnées et ses greniers kafkaïens (des lucarnes aux carreaux brisés y laissent entrer les pigeons) – tout cela accrédite sans peine la légende des passages secrets. Si les pas se perdent déjà dans la grande salle d'accueil du rez-de-chaussée, on imagine sans peine ce qu'il en advient aux étages ou dans les sous-sols.

La personnalité même de Joseph Poelaert était par ailleurs de nature à éveiller elle-même la curiosité et à nourrir les premiers soupçons. Architecte génial sans doute, protégé du roi Léopold Ier certainement, couvert par les pouvoirs publics jusque dans ses folies les plus téméraires assurément, mais non dépourvu de faces d'ombre pour autant. Ne disait-on pas qu'il était mort fou à l'âge de 62 ans, soit quatre ans avant la fin des travaux ? N'avait-il pas disparu plusieurs jours auparavant, retrouvé errant à Hal, incapable d'expliquer d'où il venait ? On est donc autorisé à se demander s'il n'avait pas lui-même ménagé quelque porte de sortie de son édifiant temple de la justice, prévu quelque ligne de fuite de son obsédante certitude ? Et ne serait-il pas lui-même le premier à avoir pris cette tangente ? Qu'avait donc compris Poelaert pour que, quelque temps avant l'inauguration de ce bâtiment qui lui aurait valu une gloire sans pareille, il préféra disparaître de la circulation et se fondre dans l'anonymat?

Ainsi donc, la question du *passage secret* ne fut jamais vraiment oubliée; on la retrouve par exemple, explicitement traitée, au procès-verbal de la séance du Conseil de l'ordre des avocats du 4 mars 1896. On s'y interroge doctement sur l'existence « de quelque porte dérobée ou passage secret donnant accès vers l'extérieur depuis les sous-sols du Palais », et on charge Monsieur le Conservateur d'une mission d'expertise à ce sujet. Un budget de 250 francs est voté, et rapport est demandé pour la prochaine séance. De rapport, on n'en trouve cependant point trace dans les archives des séances ultérieures, et voilà que la question s'estompe à nouveau pendant quelques décennies.

Sans jamais s'oublier totalement cependant, nourrie périodiquement des fantasmes que suscitent ce Palais si fantasque et la gravité des activités qui s'y déroulent. Certains ne manquaient pas de rappeler, à mots couverts et en baissant le ton, que le Palais avait été érigé sur une colline bruxelloise au lieu-dit du *Galgenberg* – en néerlandais, *la colline des potences.* N'étaient-ce pas les fantômes des suppliciés qui, certains soirs, venaient encore hanter les lieux et troubler la conscience des procureurs qui, le matin même, avaient réclamé la stricte application de la loi?

D'autres, au tempérament plus léger, et sans doute déjà mis en joie par le premier apéritif de la matinée partagé avec des confrères au troquet voisin, *Le perroquet,* affirment le plus sérieusement du monde avoir vu, le matin même, débouler du couloir du greffe de la justice de paix du 3e canton, un lapin blanc avec un gilet jaune, – un lapin très affairé, consultant une montre gousset et se lamentant « je vais être en retard, très en retard ». Et ces témoins ahuris de préciser encore : « le lapin était suivi d'une petite fille, lancée à sa poursuite, qui ne tarda pas à se mettre à genoux, avant de disparaître, comme aspirée par le sol ». Et voilà les commentaires relancés pour quelques années : ce ne sont pas, en effet, les personnages cocasses et les rencontres étranges qui manquent en ces lieux...

Mais les Bruxellois, et les gens de justice en particulier, sont plutôt du genre réaliste, de sorte que c'étaient généralement des explications plus pragmatiques qui tenaient la corde. On rappelait en effet que la construction du Palais, dans les années 1866 à 1883, avait suscité de nombreux incidents et la colère du bon peuple des *Marolles* vivant en contrebas de l'encombrant édifice. Des dizaines de logements populaires avaient été expropriés pour la bonne cause, et l'intention politique du bâtiment – impressionner le peuple par le symbole de l'ordre et de l'autorité – n'échappait pas aux gens simples, condamnés désormais à vivre à l'ombre de la justice. De là le ressentiment des marolliens à l'égard de l'engeance des architectes, désormais et pour l'éternité bruxelloise, qualifiée de « *schieven architek* » – littéralement : « architecte tordu, bancal, cagneux, de guingois ».

Loin cependant de se complaire dans l'injure et la plainte, les marolliens comprirent vite le parti à tirer de ce chantier titanesque, devenu, en quelques années, une inépuisable réserve de matériaux où, la nuit venue, ils allaient se servir sans vergogne ; aujourd'hui encore, il n'est pas rare de tomber sur des cheminées en pierres de taille dans de modestes immeubles de rapport du quartier, ou de curieuses statues assyriennes au fond des petits jardins avoisinants. De là à penser qu'un local de stockage de matériaux avait été aménagé dans les sous-sols par les marolliens, avec accès dérobé vers l'extérieur, il n'y avait qu'un pas, qu'autorisait du reste l'esprit pragmatique et déterminé de la population marollienne. Il fallait cependant convenir que, jusqu'à ce jour encore, personne n'avait réussi à identifier le fameux local et son passage secret, de sorte que la rumeur continuait de courir...

L'affaire fut sérieusement relancée un jour de novembre 1924 où les membres d'une délégation du Jeune Barreau de Bruxelles, invités par des confrères argentins, tombèrent en arrêt, au coin d'une rue de Buenos Aires, devant un bâtiment qui, de toute évidence, était le double en réduction du Palais de justice de Bruxelles : le *Palais du Congrès argentin – Camera de Diputados de la Nacion argentina.* Certes, le décalage horaire et le vin chilien ne favorisaient pas la clarté des idées, certes l'Argentine était la terre d'élection de la psychanalyse et du surréalisme, la patrie de Borges et de Cortazar, mais tout de même, le témoignage était irréfutable, immortalisé par un cliché de l'époque réalisé par un jeune confrère : le Palais de justice de Bruxelles avait son double sud-américain.

Déjà passablement troublée par cette rencontre inopinée, notre délégation fut franchement déstabilisée le lendemain en découvrant, au détour du Palais de justice argentin, une étrange statue de la Justice somnambule : oui, une justice *somnambule,* avançant comme à tâtons, les mains tendues vers l'avant.

La justice bruxelloise, déjà aveugle, comme elle se doit, aurait-elle, au cours d'une triste nuit d'hiver, émigré vers des cieux plus cléments ? Aurait-elle, elle aussi, été séduite par les promesses du *Nouveau Monde* ? Étaient-ce cela, le *monde parallèle* et le passage secret qu'évoquait l'éminent magistrat ?

On en était à débattre de ces curieuses conjectures, lorsque, dans des circonstances comparables – un échange de délégations de magistrats belges et péruviens – les juges belges arrivèrent à la certitude que, cette fois, le Palais de justice de Bruxelles s'était délocalisé à Lima – le cliché ramené par le vice-président de la Cour d'appel en fait foi.

Cette fois, plus de doutes, il existait bien une *latina connexion* entre Bruxelles et l'Amérique latine, des accointances particulières entre justice andine et tribunaux bruxellois, sans doute sous le signe de la fiction et de la surréalité qui nous rapproche si bien. Il est vrai que la piste argentine fut bientôt abandonnée, dès lors que, à l'issue de la Seconde Guerre mondiale, d'aucuns l'empruntèrent, un peu trop réellement, pour se soustraire à la condamnation de crimes qui n'avaient rien d'imaginaire...

Ainsi se transmettait la légende, tantôt oubliée, tantôt ravivée par quelque élément nouveau. Ravivée lorsqu'un célèbre dessinateur bruxellois lui consacra des planches inoubliables sous le nom transparent de *Brüsel*; occultée et refoulée, lorsque, par défaut d'investissements publics, le vénérable Palais était bientôt déserté par un nombre grandissant de juridictions.

Récemment, cependant, la multiplication d'incidents étranges est venue relancer l'intérêt pour les mystères du Palais. Il se fait tout d'abord qu'en raison de la menace d'attentats terroristes qui pèse sur le pays, des caméras de sécurité ont été installées un peu partout et qu'un décompte rigoureux des entrées et des sorties est effectué quotidiennement. Or, il a bien fallu admettre l'évidence, aussi inexplicable soit-elle : on enregistrait plus d'entrées que de sorties. Au début, on ne s'en inquiétât pas, se disant que des clochards ou quelques amoureux transis avaient dû passer la nuit près d'une bouche de chauffage peu visible. Mais, à la longue, cela faisait tout de même une belle cohorte de justiciables disparus sans laisser de traces dans les entrailles du mammouth. Sauf à penser que le Palais abritait une tribu sédentaire, quelque secte d'amateurs fous des audiences publiques, il fallut bien en convenir : le Palais recélait une ou plusieurs sorties secrètes, connues d'un nombre non négligeable de personnes.

À cela s'ajoutaient des disparitions de dossiers et d'œuvres d'art (la Justice *somnambule* faisait-elle des émules?), le bris du buste d'un ancien avocat, fondateur des *Pandectes belges*, et puis aussi la prise de racine des échafaudages de la façade, si anciens qu'on avait oublié le nom de la firme de travaux publics auxquels ils appartenaient – du reste, on ne songeait plus à en réclamer l'enlèvement car on comprenait qu'ils contribuaient à maintenir, vaille que vaille, les pierres de l'imposante façade. À noter aussi l'étrange disparition d'une délégation entière de l'Unesco venue sur place en vue d'instruire la demande d'inscription du Palais de justice de Bruxelles sur la liste du patrimoine mondial de ladite institution; comme aucune plainte ne fut dressée, l'affaire fut discrètement classée. Toute aussi discrète fut la disparition d'un président de chambre au tribunal de commerce, personnage original, plus enclin à la conciliation qu'à la décision, qui en était venu à jouer aux dés le sort des dossiers que d'irréductibles plaideurs persistaient à lui présenter. Comme il était à quelques semaines de la retraite, et qu'ici encore la police ne fut jamais avertie, on préféra garder le silence.

Il n'empêche, cela commençait à faire beaucoup, de sorte que je m'en ouvris à un vieil ami, Philippe Noël, célèbre chroniqueur judiciaire, vieux routier des audiences depuis des décennies ; l'homme était très âgé – il devait décéder quelques semaines plus tard – mais assez vif encore pour me regarder d'un air amusé et entendu lorsque j'évoquai devant lui la légende du fameux *passage secret.* Je ne compris pas exactement ce qu'il tentait de ne pas me dire, mais j'en saisis suffisamment pour comprendre que l'affaire pourrait se poursuivre – *elle était en continuation,* me soufflait-il – du côté de chez Toone.

Toone... le célèbre théâtre populaire de marionnettes pour adultes, jouant, en français et en néerlandais, ou plus exactement dans un savoureux mélange des deux, le *brusseleir,* les pièces et opéras célèbres du répertoire, et ce depuis que Philippe II avait décidé la fermeture des théâtres dans le but de museler la grogne qui s'élevait à l'encontre de son régime. Haut lieu de résistance populaire, le théâtre de Toone n'a jamais cessé d'avoir la faveur des Bruxellois. Se pourrait-il donc que... ? Mon ami Philippe m'aurait-il mis sur la piste ?

Intrigué, je ne tardai pas à me rendre sur place par une belle matinée de printemps, un de ces matins où l'air est si frais et la lumière si pure que le monde semble renaître. Le théâtre de Toone dispose de deux entrées, l'une par l'impasse dite du *Schuddeveld,* entre les numéros 21 et 25 de la *Petite rue des bouchers,* l'autre par l'impasse *Sainte Pétronille,* entre les numéros 66 et 68 de la rue *Marché-aux-herbes* – deux entrées, deux impasses, l'affaire paraît bien emmanchée. À cette heure matinale, le théâtre est fermé, mais pas l'estaminet qui le jouxte et qui prolonge ses activités. Je commande une gueuze – *mort subite,* naturellement –, et quel n'est pas mon étonnement de reconnaître, un peu plus loin, les membres de la délégation de l'Unesco, disparus quelques semaines plus tôt sans laisser d'adresse, et, à la table voisine, le juge Bridoit (vous avais-je donné son nom ?), celui-là même qui jouait aux dés ses décisions.

Au bénéfice de la tournée générale que j'offris, je me rapprochai de leur table. Lorsque je me présentai comme philosophe du droit, attelé à l'écriture d'un livre qui aurait pour titre *À quoi sert le droit ?*, je déclenchai de grands éclats de rire et je compris que je devais les avoir tout à fait rassurés – un chercheur qui se pose ce genre de questions ne pouvait être fondamentalement dangereux, devaient-ils penser. Le reste alla très vite désormais. On m'apprit que, oui, le Palais décelait un, et même plusieurs passages secrets ouvrant sur l'extérieur, tous débouchant dans l'îlot sacré, et *ici* plus précisément. Ces passages sont tour à tour activés et refermés, selon les époques et les passeurs. L'avant-dernier en date (le passage actuel restera l'objet du secret) partait d'une porte dérobée du vestiaire des avocats, le passeur n'étant autre que le préposé au vestiaire, homme jovial s'il en fut, très apprécié des avocats, prêtant volontiers une toge aux stagiaires de province, transmettant plis et messages aux confrères pressés ou retenus à l'audience. Cet homme de cœur n'avait pas son pareil pour repérer les naufragés des tribunaux, toutes les victimes de ces dénis de justice qui ne disent pas leur nom, broyés par l'institution, laminés par le formalisme des textes, écrasés par la rigueur des délais. Les prenant sous son aile protectrice, il les aiguillait discrètement vers le fameux passage, les adressant, « sans autre forme de procès », vers la justice alternative d'en bas.

« À certaines heures, cela grouille de monde », me disaient-ils : vous verrez, chaque matin vers neuf heures, se bousculent ici toutes sorte de gens : des plaideurs égarés auxquels « là-haut » on vient d'annoncer que l'appel de leur affaire était fixé à trois ans plus tard ; des parties civiles qui ont eu l'impression que leur affaire leur échappait complètement, – il n'avait été question que du prévenu ; des pères injustement accusés par leur fille (ou plutôt par leur ex-femme) d'attentats sexuels – tout un petit monde que la justice officielle laissait sans voix et sans recours. À la longue, le tenancier de l'établissement s'est spécialisé dans le règlement des procédures et excelle à trier les affaires. C'est que les rôles sont parfaitement tenus, m'explique-t-on, et que chaque jour de la semaine a ses audiences spécialisées. « Tenez, aujourd'hui c'est lundi, le jour de la *Chambre des broutilles.* L'audience ne commence qu'à quatorze heures, mais on peut vous montrer la salle. »

Et mes hôtes de m'entraîner dans une salle attenante, de dimension impressionnante au regard de l'exiguïté générale des lieux et l'ancienneté du quartier. Comme un café dont le bar aurait été aménagé en banc du tribunal, et les chaises rangées comme au spectacle. Au mur, un cadre familier : un œil ouvert dans un triangle entouré de l'inscription « *God ziet mij. Hier straft men niet* » – en néerlandais, *Dieu me voit; ici on ne punit pas.* Plus loin, une surprise de taille : le panneau des *Juges intègres* de Van Eyck, disparu de la cathédrale Saint-Bavon à Gand, le 10 avril 1934 et jamais retrouvé depuis. Oui, pas de doute, ce sont bien les dévots chevaliers venant adorer l'*Agneau mystique.* Et dire que depuis des décennies toutes les polices du royaume recherchent ce tableau ! Plus loin encore, quelques planches de Schuiten et une bibliothèque – j'y devine un exemplaire du *Decameron* et le *Ulenspiegel* de Charles De Coster. « Il y avait aussi une espèce de prison, attenante au tribunal », me précise-t-on encore, « une des pissotières de l'estaminet », ajoute le juge Bridoit, « mais de mémoire de jurés, personne ne se souvient qu'elle ait jamais servi ».

Revenu à ma table, une autre surprise m'attend. Un homme d'une cinquantaine d'années, portant beau, le verbe haut. On me le présente : Clamence, ex-ténor du barreau parisien. « Il vous plaira, à vous le philosophe. C'est qu'il cause bien, le Parigot ».

« Ce que je fais à Bruxelles ? Je vais vous le dire, cher ami : j'exerce désormais la profession de *juge-pénitent.*

– Asseyez-vous donc, vous partagerez bien une bière avec moi ? Oui, *juge-pénitent.* Comprenez-moi : trente ans de barreau, j'avais tout vu, tout entendu; surtout à propos de moi-même. Ivre de succès, je mesurais, mieux que personne, la vanité de tout cela. Alors, du jour au lendemain, j'ai tout lâché, et j'ai entrepris ma confession publique. D'interminables aveux, une mise à nu qui dure depuis des années. Mais en m'accusant, je tends aux gens un miroir dans lequel ils se reconnaissent. Et voilà comment j'ai acquis le pouvoir de comprendre leurs histoires, de traiter leurs dossiers.

– Les juger? Parfois, plutôt rarement : beaucoup demandent seulement à être entendus, reconnus victimes; d'autres s'accusent, comme moi; d'autres encore dénoncent des injustices sociales intolérables; certains enfin voudraient bien pardonner, pour tourner la page. Croyez-moi, le domaine est beaucoup plus vaste que ce qu'on trouve dans les codes. Vous seriez étonné, cher ami, de la richesse de notre jurisprudence.

– Tenez, le temps que le garçon apporte nos gueuzes, je vous explique les procédures que nous proposons ici. Chaque jour de la semaine se tient une audience spécialisée. Aujourd'hui, c'est lundi, nous avons la « *Chambre des broutilles* ». Vous savez, ces disputes minuscules qui obsèdent les gens, ce contentieux du quotidien qui empoisonne la vie et passe sous le radar de la justice – vous vous souvenez, n'est-ce pas? : *de minimis non curat praetor*. Et bien, de ces affaires trop minuscules pour la dignité de la justice, nous faisons notre fonds de commerce; un produit d'appel en quelque sorte. Vous seriez étonnés, nous faisons salle comble tous les lundis.

– Qui compose le siège? quelques pensionnés du quartier, trop heureux de se distraire, et de faire œuvre utile pour le même prix. Tenez, cet après-midi nous instruisons l'affaire d'un Grec qui accuse le chien du voisin de lui avoir dérobé un fromage de Sicile. Ensuite, il faudra statuer sur la garde d'un chat suite à un divorce douloureux; interrogé, le chat a clairement manifesté sa volonté de ne pas quitter le domicile conjugal. En fin d'après-midi, une affaire plutôt comique : un châtelain poursuit pour tapage nocturne un fêtard qui, tombé dans l'étang du château, appelait désespérément à l'aide. Enfin, ce sera la litanie des gens qui veulent changer de nom ou de prénom ; aujourd'hui : une demoiselle Dom qui désire désormais s'appeler Fondu – allez savoir pourquoi ? Et qu'est-ce qui pousse un habitant d'Ougrée, répondant au patronyme bien belge de « Bodson », de réclamer désormais le nom de « Ben Ouazzou » – l'amour, une volonté d'intégration à rebours ? Croyez-moi, Monsieur, l'humanité nous étonnera toujours. La plupart de ces personnes se sont adressées à la justice et ont été déboutées : actions irrecevables, ou non fondées ; défaut d'intérêt, prescription. Alors, nous leur offrons une deuxième chance, le recyclage des contentieux au rebut ».

« Et demain ? », risquai-je, bien conscient de n'en être qu'au début de mes découvertes ». « Demain, c'est mardi : *Chambre des vengeances.* Oui, parfaitement, les vengeances. Ne prenez pas cet air pincé, cher Monsieur ; vous savez bien que, même si on ne peut plus se faire justice à soi-même, les gens ne rêvent que d'en découdre. Alors, nous, nous leur offrons l'occasion de régler leurs affaires à moindre mal et sans frais : ils exposent leur grief sans être contredit et maudissent tout à loisir l'auteur de leur dommage – vous n'imaginez pas le soulagement que leur apportent ces imprécations – des « paroles performatives », comme on dit dans vos livres : on envoie quelqu'un au diable, et voilà qu'on s'imagine qu'il brûle déjà dans les flammes de l'enfer. Aussitôt dit, aussitôt fait. Dans les cas les plus graves, nous opérons avec de vieilles marionnettes de Toone : quelques amulettes bien placées, quelque sort jeté, et voilà le justiciable soulagé – l'affront est lavé, la dette honorée, la page est tournée. Si vous saviez combien de drames réels nous évitons ainsi chaque année ! Sans compter que notre procédure donne un emploi honorable à un certain Nieuwland, petit-fils du dernier bourreau attaché à la justice belge, sans espoir de reprendre la tradition familiale depuis le vote de la loi du 10 juillet 1996 abolissant la peine de mort en Belgique.

– Qui sont nos clients ? Vous êtes bien curieux, il me semble. Mais n'hésitez pas à venir vous faire une idée par vous-même ; quoique discrètes, nos audiences sont publiques. Attendez, je consulte nos rôles. Demain, nous avons un prince danois, très hésitant – il prétend voir des spectres et devoir exercer une mission de vengeur. Un cas difficile, l'affaire occupera toute la matinée ».

L'heure de midi approchant, et les clients commençant à affluer dans l'estaminet, mon mentor m'entraîne dans une arrière-salle : « Venez, je vais vous montrer la salle réservée aux audiences du mercredi, la *Chambre des plaideurs compulsifs*. C'est l'audience la plus suivie, elle se prolonge jusqu'en soirée. Vous n'imaginez pas l'acharnement à plaider de certains justiciables. Tenez, après-demain nous avons en continuation l'affaire qui oppose deux de mes compatriotes – oui, des Français, nous exerçons ici une sorte de compétence universelle ; un droit d'asile pour réfugiés judiciaires qui n'ont pas trouvé satisfaction devant les tribunaux de leur pays – *affaire Chicaneau contre Pimbesche*, je dirais bien que cela fait des siècles qu'elle a commencé. Les plaideurs chicaniers ou compulsifs sont si nombreux, que nous accueillons plusieurs demandeurs en même temps ; aucune importance, puisqu'ils n'écoutent personne. Le plus amusant, c'est que nous n'avons aucune difficulté à leur trouver des avocats et des juges ; bien après leur retraite, nombreux sont les avocats, magistrats et parquetiers qui donneraient tout pour continuer à déposer des conclusions, prendre des réquisitions ou rendre des ordonnances. Et plus les uns multiplient les incidents de procédure, plus les autres demandent des devoirs complémentaires, plus les juges fixent des remises, plus exultent nos justiciables – demain encore, ils continueront de plaider ».

Mais déjà Clamence m'entraîne dans une salle voisine : beaucoup plus petite, recouverte de miroirs. « Et maintenant, nous voici dans la salle du jeudi, celle du *Tribunal de la conscience* ». Ici point de juge, point de ministère public, point de greffier. Seulement des miroirs et des feuilles blanches, pour une mise en abyme de la conscience de justiciables torturés. On trouve de tout, savez-vous. Il y a d'abord ceux que torture le besoin d'avouer : la semaine passée par exemple, un étudiant russe, s'accusant du meurtre gratuit d'une vieille femme, « rien que pour la perfection du geste » – un crime parfait, sans doute, mais dont le poids était si lourd que l'étudiant finira par tout avouer au juge d'instruction. Vous voyez, notre justice fonctionne dans les deux sens; parfois nous renvoyons un client à la justice officielle. À notre manière, nous exerçons un service public, nous aussi. Et puis, il y a tous ceux qui ne comprennent pas ce qui leur est arrivé et qui viennent ici composer d'interminables lettres à leur juge. Pour le moment, nous avons un médecin liégeois condamné à perpétuité pour le meurtre de sa maîtresse et laissé en liberté avant une décision en cassation. Oh, ce n'est pas qu'il conteste le verdict, il est en aveux complets; mais c'est qu'il ne s'est pas reconnu dans le portrait que le procès dressait de lui. Aussi a-t-il entrepris de tout remettre à plat dans une longue explication adressée au juge d'instruction.

Vous le verrez certainement, si vous venez jeudi. De même qu'un curieux personnage qui vient ici tous les jeudis depuis neuf mois : un Tchèque, avec un léger accent yiddish, complet noir élimé, yeux de braise; il est très secret, mais il prétend avoir été arrêté par une « organisation » dans sa chambre de la pension de famille qui l'hébergeait, et, depuis ce moment, il n'a de cesse que d'être confronté à un juge pour connaître enfin l'acte d'accusation qui le frappe. « Mais c'est un roman, ça Monsieur ! » lui a dit la concierge du tribunal. « Allez mettez ça par écrit, ça intéressera bien quelqu'un ».

Plus fort encore : nous accueillons aussi des juges qui se jugent eux-mêmes. Ne riez pas, cher Monsieur, c'est tragique, le plus souvent. Ainsi ce Grec qui enquêtait sur une affaire embrouillée de parricide et d'inceste, et qui, à la fin, a pris conscience que le double coupable n'était autre que lui-même. Il s'est crevé les yeux, puis s'est mis en route, jusqu'à échouer ici un beau matin... Et puis, mais là c'est franchement comique, je vous l'accorde, ce juge de police allemand, en charge d'une tentative d'attentat sexuel sur une jeune fille. Celle-ci s'était vaillamment défendue en brisant une cruche sur la tête de son agresseur qui prit la fuite. Quand le juge entama son audience avec la tête bandée, tout le monde avait compris, sauf lui apparemment...

Mais il se fait tard, cher Monsieur, je vous importune sans doute et l'heure du déjeuner est déjà passée. Revenez demain, nous avons encore trois jours à parcourir ».

– « Ah, vous êtes revenu, je craignais ne plus vous revoir, après tout ce que je vous ai raconté, hier », me lança Clamence lorsque je m'installai à sa table, le lendemain de bonne heure, non sans avoir commandé un *expresso* au garçon. « J'espère ne pas vous avoir totalement désespéré de chercher *à quoi sert le droit*... du moins vous aurais-je suggéré qu'il y a droit et droit... Tenez, vous êtes bien inspiré d'arriver à l'heure, car aujourd'hui, vendredi, c'est le jour du *Tribunal des affaires complexes.* Oui des affaires trop problématiques, insolubles au regard du droit en vigueur. Le tribunal est présidé par un certain David, sa sagesse fait des merveilles.

Jugez un peu : la semaine passée se présentent deux prostituées de la rue de Laeken. Figurez-vous que les deux dames ont accouché en même temps, et, comme elles partageaient un studio, elles dormaient dans la même chambre, chacune avec son bébé à son côté. Une nuit, l'enfant de l'une décède. A-t-elle opéré une substitution d'enfant durant la nuit, mettant le nourrisson mort au sein de son amie? Personne n'en sait rien. Mais, toujours est-il que la dispute éclate dès le matin, la mère de l'enfant vivant réclamant à cor et à cri son bébé. Comment trancher, cher Monsieur? Aucun témoin, aucune preuve, des droits égaux... c'était parole contre parole; paroles de mères éplorées et paroles de catins, de surcroît, se disputant comme chiffonniers. Qu'a décidé David, pensez-vous? *Suum cuique tribuere? Attribuer à chacun ce qui lui revient?* – je vois que vous avez le sens de l'humour, mais je doute que cela fasse sourire nos deux mères. Non, vous n'y êtes pas. Après avoir écouté les parties, il se dresse et, le plus solennellement du monde, il déclare : « puisque vos droits sont égaux, qu'on ne peut faire revenir à la vie l'enfant mort, et que la cause est indécidable, j'ordonne qu'on aille quérir Maître Nieuwland (vous savez, le préposé de la *Chambre des vengeances*) et qu'il coupe l'enfant vivant en deux parts égales ».

Stupeur dans le tribunal, un silence de mort. Et puis l'une qui dit « il ne sera ni à moi, ni à toi, oui, tranchez », et l'autre qui hurle « non, ne tuez pas l'enfant vivant ! Donnez-le-lui ! ». C'était elle, la vraie mère évidemment. La première, perdue dans son chagrin, noyée dans son ressentiment, exprimait une logique de mort ; l'autre, branchée sur la vie de son enfant, se hissait à une logique supérieure : plutôt une injustice que la mort. Exactement la réaction qu'attendait David. La solution juste, Monsieur, il ne l'avait pas tirée du code, mais des entrailles de cette femme. Une femme qui avait su dépasser l'égalité mathématique du talion (un mort pour un mort, souffrance contre souffrance, un enfant coupé en deux parts égales) pour s'élever à la logique de l'amour qui ne compte pas. La décision absurde du juge (couper l'enfant en deux comme s'il s'agissait d'un objet ou d'une carcasse d'animal) provoque, en miroir, une réaction irrégulière (se désister de son droit de maternité au profit d'une intrigante) – mais de cette double illégalité, c'est la vérité qui surgit. Voilà, Monsieur, le genre d'affaires qui se discute ici.

« Mais toutes ne sont pas aussi tragiques », poursuit mon hôte. « Il y a quelques mois nous avons eu à connaître d'une affaire française dont mon confrère Rabelois a dressé les minutes. Je les ai retrouvées à votre intention – écoutez. La notice a pour titre : "Comment David jugea équitablement une controverse d'une obscurité et d'une difficulté prodigieuses, avec tant de raison que son jugement attira l'admiration". La controverse, qui opposait deux grands seigneurs, Monsieur de Baisecul et Messire de Humevesne, "présentait des points de droit si compliqués et si difficiles que pour la Cour du Parlement c'était du chinois". Réunis sur ordre du roi, les quatre parlements les plus savants de France, d'éminents professeurs d'université de France et des pays voisins, "ainsi qu'un tas d'autres vieux maîtres poussiéreux", ne purent, au terme de quarante-six semaines de dur labeur, ne fusse que mettre l'affaire en état. En désespoir de cause, on se résout à faire appel à la science surhumaine de Maître David, siégeant au tribunal de Toone à Bruxelles, lui adressant les dossiers et les actes du procès "qui équivalaient presque au chargement de quatre gros ânes couillards" ». Non sans humour, notre David commence par s'enquérir de la question de savoir, si, au terme de tant d'années de procédure, les plaideurs sont encore en vie. Ensuite, le savant arbitre convoque les parties, persuadés que leurs conclusions orales permettront de faire l'économie de la lecture du dossier obscurci par "les sottes et déraisonnables raisons et par les ineptes opinions d'Accurse, Balde, Bartole et autres vieux balourds, ignorants ce qui est nécessaire à l'intelligence des lois".

Voilà donc nos plaideurs se lançant tour à tour dans une plaidoirie aussi interminable qu'incompréhensible, comme si l'objet du litige depuis longtemps s'était perdu en chemin. Au terme de l'exercice, David rend sa sentence "en pensant qu'il fallait rendre justice à chacun, sans être influencé ni tenir compte de personne". Suit une décision aussi absurde qu'alambiquée, donnant tour à tour raison à chacun des plaideurs. De sorte que, chose extraordinaire jamais observée, "les deux parties se séparèrent, toutes les deux satisfaites de l'arrêt". Moralité : à absurde, absurde et demi ; ou plus positivement : ce qu'avait compris David c'était que, bien plus que la satisfaction matérielle de leur grief, ce que cherchent le plus souvent les parties, c'est d'être entendues et reconnues en leur qualité de plaignants ».

— « Alors, que me dites-vous de cela ? Savoureux, non ? Je vous sens un peu sceptique ce matin. Ce ne sont que cas particuliers, me direz-vous ; des affaires exceptionnelles ? Oui, sans doute, mais n'est-ce pas la responsabilité du bon juge de déceler la singularité du cas sous la généralité de la règle ? Chaque plaideur n'a-t-il pas une histoire personnelle à raconter ? Ou alors faudra-t-il bientôt confier la justice à des ordinateurs ? – tous jugés à la même enseigne ; réduits à des statistiques, des moyennes et des profils, et traités par des algorithmes ! La justice comme un lit de Procuste : on coupe ce qui dépasse du justiciable, ou on l'étire jusqu'à ce qu'il occupe tout le lit ; oublie-t-on que c'était le type de justice qu'on rendait à Sodome et Gomorrhe ? »

— « Oui, je sais, je m'emporte. Et je sens bien que vous êtes plutôt porté sur les causes générales, les grandes questions de société ; alors revenez samedi, le jour où se tiennent les sessions du *Tribunal de l'histoire*. Ce sont des intellectuels et des militants de votre genre qui y siègent. Vous vous rappelez ce qu'on nous enseignait sur les bancs de la Faculté : *de maximis non curat praetor – les enjeux trop importants échappent à la justice*. Ah, comme les choses étaient simples : une seule phrase (et en latin, cela fait toujours plus savant ; indiscutable, en quelque sorte, comme une évidence éternelle) ; une seule phrase, et voilà tout le politique évacué, la conscience rassurée, et les juristes bien gardés. Les *maxima* renvoyés à la politique, les *minima* (vous vous en souvenez ?) refoulés dans la médiocrité du quotidien, les scrupules adressés au *for interne* et à la morale (éventuellement aux confesseurs), les faits sociaux préservés pour les sociologues – et nous voilà enfin entre nous, travaillant sur des objets polissés (policés ?), clarifiés, *encodables – toutes choses égales par ailleurs*. Comme si les choses ne pouvaient jamais rester égales, et comme si l'ailleurs se laissait aisément distinguer de l'intérieur ! Ah ce rêve de pureté, qui faisait de nous des gens *positifs* et efficaces !

Mais l'histoire se rappelle à nous, Monsieur, et aura tôt fait de brouiller nos additions. Tenez, demain, nous instruisons le procès d'une grande société qui inonde la planète de ses semences transgéniques et de ses herbicides cancérigènes. Des témoins viendront déposer du monde entier : des experts, mais aussi des paysans, des riverains. Quand les enjeux sont si énormes, Monsieur, ce sont les catégories de pensée elles-mêmes qu'il faut changer. Ici nous forgeons un droit nouveau ; il est question de responsabilité pour l'avenir, de crime d'écocide, de climat comme bien commun à protéger. Le procès est porté par des juristes militants et des associations citoyennes ; il est suivi par des universitaires qui y entraînent leurs étudiants, dans ce qu'ils appellent des *law clinics* – c'est tout un monde qui se réinvente, cher Monsieur.

— Quelle effectivité ? Symbolique, Monsieur ; ce qui est l'essentiel. La légitimité symbolique est le levier du droit, le moteur de ses transformations. Quand les mots commencent à bouger, le reste suit. Privés de légitimité, les empires s'écroulent en un instant comme une construction rongée par les termites.

— Mais je m'emporte à nouveau, alors que mon nouvel état de *juge-pénitent* devrait m'inciter à la sérénité. Allez, offrez-moi une de ces *kriek* dont la maison a le secret. Je la boirai à votre santé et au succès de votre livre. – « Si nous faisons relâche, le dimanche ? Non, au contraire, tout le monde se retrouve ici, tous les plaideurs de la semaine sont invités sur le coup de onze heures. Le dimanche siège la *Cour des grâces et pardons*, présidée par l'abbé Vanderpiest, curé des *Marolles*. Tous les dossiers de la semaine sont rouverts pour ceux qui le souhaitent et des réconciliations sont préconisées sur le modèle des Commissions sud-africaines. Ensuite le patron offre la tournée générale »...

J'en étais à méditer à cette réconciliation générale, lorsque entre dans l'estaminet un personnage sévère, à l'allure altière, portant une toge de magistrat sur le bras. L'homme s'installe à une table voisine, je crois reconnaître le Premier président de la Cour de cassation...

Non peut-être ?[1]

Obiter dictum : *il n'aura pas échappé au lecteur attentif que ce texte se présente comme un conte à clés. Parce que les bons contes, font les bons amis, je me dois de préciser l'origine de mes emprunts. On reconnaîtra, dans l'ordre de leur apparition au texte :*

---

1. En parler *brusseleir*, « non peut-être » signifie quelque chose comme : « absolument, comme je vous le dis ».

– *Le lapin pressé au gilet jaune, n'est autre, bien entendu, que celui que Lewis Carroll décrit dans* Alice au pays des merveilles *(1865).*
– *Le juge qui joue aux dés ses décisions est une création de Rabelais (*Le Tiers Livre, *1552).*
– *Clamence, ex-ténor du barreau parisien, devenu juge-pénitent et receleur du tableau volé* Les Juges intègres, *est une création d'A. Camus, qui en raconte la confession dans* La Chute *(1956).*
– Le Grec *accusant le chien de son voisin de lui avoir dérobé un fromage est emprunté à Aristophane (*Les Guêpes, *422 av. J.-C.).*
– *L'affaire du plaignant dénonçant le tapage nocturne fait par une personne qui se noie sous ses fenêtres a été jugée par le juge de paix de Saint-Trond le 2 mars 1871 (*Pandectes belges, *V° « Causes de justification », n° 278).*
– *Les exemples de personnes désirant changer de nom patronymique sont cités par P. Martens et tirés eux-mêmes du* Moniteur belge *(*Théories du droit et pensée juridique contemporaine, *Bruxelles, Larcier, 2003, p. 146).*
– *On aura reconnu* Hamlet, *bien entendu, à l'audience du jour de la Chambre des vengeances.*
– Chicaneau et Pimbesche, *à la Chambre des plaideurs compulsifs, sont les inoubliables créatures de Racine (*Les Plaideurs, *1668), s'inspirant lui-même des* Guêpes *d'Aristophane.*
– *Au Tribunal de la conscience, l'étudiant russe torturé par le besoin d'avouer, est le héros de* Crime et Châtiment *de Dostoïevski (1867). Le médecin condamné pour l'assassinat de sa maîtresse n'est autre que le Docteur Alavoine, décrit par Simenon (*Lettre à mon juge, *1947). Quant au personnage discret, Tchèque au léger accent yiddish, il s'agit de Joseph K., bien entendu – autoportrait de F. Kafka (*Le Procès, *1925). Enfin, les juges qui instruisent eux-mêmes leur propre affaire sont respectivement* Œdipe *(Sophocle, 430-420 av. J.-C.) et le juge à la tête bandée, une création de H. von Kleist (*La Cruche cassée, *1808).*
– *L'affaire des deux prostituées se disputant l'enfant survivant, qui occupe une audience du Tribunal des affaires complexes, est rapportée dans la Bible, au* Livre des rois *(Premier Livre, II,*

*16-28), et le jugement est rendu par le grand roi Salomon. Quant à l'affaire inextricable qui suit, elle est racontée par Rabelais et habilement résolue par Pantagruel (*Rabelais, Pantagruel, Roy des Dipsodes, *in* Œuvres complètes, *édition établie par G. Demerson, Paris, Seuil, 1973).*

Si nous débattions…

- Le droit doit-il se préoccuper du sentiment de justice ?
- Que nous apprend l'architecture des bâtiments de justice sur la justice elle-même ?
- Qu'est-ce qui sépare le contentieux du « différend » (J.-F. Lyotard) ?
- Quels sont les raisons du développement des modes alternatifs de règlement des différends (MARD) ?
- Quels sont les rapports entre justice et vengeance ?
- La justice peut-elle permettre le pardon ?
- Quelles seraient les réactions du Premier président de la Cour de cassation assistant aux différentes audiences du tribunal alternatif ?

Bibliographie sommaire

Outre la liste d'ouvrages évoqués dans la nouvelle, voir :

- P. Loze, *Le Palais de justice de Bruxelles*, Bruxelles, Atelier Vokaer, 1983.
- L. Boltanski, *L'Amour et la justice comme compétences*, Paris, Gallimard, coll. « Folio-Essais », 2011.
- P. Ricœur, *Amour et justice*, Paris, Seuil, 2008.
- M. Nussbaum, *L'Art d'être juste*, trad. par S. Chavel, Paris, Climats, 2015.
- R. Jacob, *Images de la justice*, Paris, Le Léopard d'or, 1994.
- Chr.-N. Robert, *La Justice dans ses décors (XVe-XVIe siècles)*, Genève, Droz, 2006.
- A. Garapon, *Le Gardien des promesses*, Paris, Odile Jacob, 1996.
- J.-F. Lyotard, *Le Différend*, Paris, Les Éditions de Minuit, 1983.
- Fr. Leichter-Flack, *Dictionnaire des cas de conscience*, Paris, Alma Éditeur, 2012.
- Fr. Dürrenmatt, *Justice*, traduit par E. Barilier, Julliard, 1986.

Jugement dernier

« Il reviendra juger les vivants et les morts ».

Décidément, ces cafés *ristretto* de la *Piazza Navona* sont sans pareil, se disait le bâtonnier de l'ordre des avocats de Lisbonne, attablé à une des terrasses de la célèbre place romaine. Il faut dire que le bâtonnier avait toutes les raisons d'être satisfait. Son audience auprès du cardinal Taviani, Préfet de la *Congrégation pour la doctrine de la foi*, anciennement nommée « saint office », s'était mieux déroulée que prévue. De façon presque inespérée, le sévère ecclésiastique avait marqué son accord, au nom de la Curie et du Pape lui-même, pour que soit entamée une procédure d'examen du caractère de procès équitable du jugement dernier, et, par la même occasion, de la nature des garanties offertes en cette occasion aux justiciables.

Toute l'affaire avait commencé un an plus tôt lorsque l'*Association internationale des juristes catholiques* avait adopté, au terme de plusieurs journées houleuses de discussion, une Résolution inquiète et plutôt musclée interpellant la Vatican à ce sujet. Il y était question de « malaise » et d'« inquiétude » face à l'écart qui ne cessait de se creuser entre l'approfondissement des garanties procédurales reconnues désormais par les juridictions internationales en matière de droits fondamentaux, et le corpus doctrinal relatif à ce qu'il est convenu d'appeler le « jugement dernier ». La Résolution soulignait par ailleurs les tensions, sinon les contradictions, qui affectaient les textes sacrés en ce domaine, de l'enseignement des prophètes à l'Apocalypse, en passant par les Évangiles, les Actes des apôtres et les épîtres de Paul. N'était-il pas temps d'actualiser cet enseignement d'un autre âge évoquant les flammes de l'enfer, la damnation éternelle et les pleurs et grincements de dents ? Si les articles de foi et les modalités du culte avaient fait l'objet d'un *aggiornamento* bienvenu, n'était-il pas au moins aussi urgent de soumettre nos représentations de la justice divine à une pareille actualisation ?

Dégustant son café au doux soleil de mai, le bâtonnier préférait maintenant oublier les mois de tractation intense que cette revendication avait suscités dans les couloirs feutrés de la Curie ; l'important était le *nihil obstat* obtenu aujourd'hui. Certes, le cardinal avait soigneusement balisé la procédure et posé ses conditions : il serait entendu tout d'abord que la Commission qu'on allait mettre en place ne s'aventurerait jamais sur le terrain proprement théologique, domaine réservé à la *Congrégation pour la doctrine de la foi*. Quant à cette Commission, elle comprendrait trois membres : outre le bâtonnier portugais, lui-même président de l'*Association internationale des juristes catholiques* et principal inspirateur de la Résolution, siégerait un juriste représentant de la Curie, opportunément qualifié d'avocat *pro deo*, et aussi, pour faire bonne mesure et témoigner, dans toute la mesure du possible, de l'impartialité de la justice divine, siégerait un représentant du point de vue opposé, tout aussi opportunément désigné comme « l'avocat du diable ». Il était entendu par ailleurs que la Curie se réserverait le choix de l'avocat *pro deo*; le cardinal avait du reste laissé entendre que son choix se porterait vraisemblablement sur un brillant avocat américain, docteur *in utroque jure* (droit canon et droit civil) et habitué du tribunal de la Rote. Quant à l'avocat du diable, les modalités de sa désignation demeureraient secrètes – la transparence a ses limites.

Restait la délicate question de savoir devant quelle instance cette commission allait avoir à débattre et, *in fine*, quelle serait l'autorité chargée de recevoir ses conclusions et de trancher en dernier ressort. Ce point avait donné lieu à des discussions aussi intenses que discrètes, preuve s'il en est du caractère délicat de cette affaire. Finalement, sur arbitrage du Saint-Père lui-même, il fut décidé de demander au Très-Haut de trancher cette question. Celui-ci ne se fit pas prier et annonça la mise en place d'un *Tribunal céleste* chargé de suivre les débats de la Commission et de prendre position sur ses conclusions. Le Tribunal serait présidé par saint Yves, patron des avocats, assisté de l'archange Michel et de saint Louis, dont on connaît la grande expérience en matière judiciaire. Le fait que le Tribunal soit présidé par un avocat et non par un procureur justicier comme l'archange Michel paraissait de bon augure au bâtonnier. Du reste, on ne discutait pas les décisions du Très-Haut.

Restait encore à régler la question de la localisation de ces débats. Le cardinal Taviani, qui n'en faisait pas un point de fixation, tenait pour les bureaux du Vatican ; le bâtonnier opinait plutôt en faveur du Palais de l'Unesco à Paris, question de conférer une portée universelle et moins cléricale à la procédure. Finalement un compromis se dégageât autour des bâtiments de l'*Academia belgica* à Rome dont les jardins communiquaient avec le parc somptueux de la *Villa Borghèse.*

C'est à l'automne suivant que s'ouvrirent les débats. Plus précisément le 1er novembre, fête de la Toussaint, suivie elle-même par le jour des morts – symbolisme parfaitement accordé à l'objet de la discussion. Avec une simplicité caractéristique de ses origines bretonnes, saint Yves donna la parole au bâtonnier pour une première mise en perspective du dossier. À ses côtés, l'archange Michel, embarrassé de sa grande épée, d'habitude flamboyante, semblait plutôt mal à l'aise ; quant à saint Louis, ses yeux mi-clos ne laissaient percer aucun sentiment.

Après les remerciements d'usage et les souhaits de réussite de cette procédure dont il se plaisait à souligner le caractère historique, le bâtonnier s'attacha à évoquer la genèse de la Résolution. Il se mit particulièrement en devoir d'exposer au *Tribunal céleste* la conception du jugement dernier que partageaient ses auteurs. C'est que, reconnaissons-le, disait-il, il n'est pas aisé de s'en faire une idée précise au travers du dédale des textes pas toujours concordants. Deux points essentiels sont à retenir, soulignait-il. Tout d'abord, ce n'est pas un, mais deux, jugements qu'il faut considérer. Le jugement particulier qui concerne chaque homme le jour de sa mort et qui débouche tantôt sur une épreuve de purification (le purgatoire), tantôt sur la béatitude éternelle, tantôt sur la damnation en enfer. Ce premier jugement est dit « particulier » ; il est immédiat et rétribue les âmes selon leurs œuvres. Vient ensuite le « jugement dernier » proprement dit, qui coïncide avec la fin des temps et le second avènement du Christ (la parousie) ; il s'agit cette fois d'un jugement collectif, à date indéterminée dans le futur. Ainsi le jugement individuel ne s'accomplit-il réellement qu'à la faveur d'un jugement collectif qui récapitule le destin de l'humanité et confère une portée solidaire à la décision, comme s'il n'y avait pas de salut purement individuel.

Le second point à considérer, poursuivait le bâtonnier, est que ces deux jugements concernent tous les hommes, chrétiens et non-chrétiens, justes et pécheurs. Il est essentiel que nous nous mettions d'accord sur ces prémisses, insistait-il, car c'est sur la base de ces deux axiomes que la Commission a travaillé – « pouvons-nous nous accorder sur ces deux points ? ».

Sans contester cet enseignement, issu de la tradition, l'avocat du diable tint d'emblée à marquer ses réserves : il n'était pas question à ses yeux de porter atteinte à l'autorité de la chose jugée ; il ne se concevrait donc pas que des personnes condamnées au terme de leur jugement particulier fussent ensuite arrachées aux enfers à la fin des temps – une damnation éternelle, menaçait-il, ne se laisse pas découper en morceaux. L'avocat *pro deo* tint, quant à lui, à préciser que si cette synthèse juridique ne comportait pas d'erreur doctrinale, elle manquait du souffle théologique qui seul pouvait conférer à l'économie du salut sa véritable portée, et notamment sa dimension d'espérance eschatologique.

Le président du Tribunal, d'un signe encourageant de la tête, engageât le bâtonnier à poursuivre. Fort de ce soutien, l'avocat annonça deux jours d'exposé et de débat. La première journée serait consacrée aux aspects procéduraux de ces jugements; la deuxième, sans empiéter sur les questions théologiques, porterait sur les aspects de fond (jugement ou pardon, nature et modalités de la peine, etc.).

— Prenez votre temps, intervint saint Yves, le Tribunal a, comme qui dirait, l'éternité devant lui...

C'est alors que les choses sérieuses commencèrent. Chaussant ses lunettes et sortant de volumineux classeurs de sa mallette, le bâtonnier entreprit d'exposer systématiquement les questions et objections qui agitaient aujourd'hui la communauté des juristes, au premier rang desquels les juristes catholiques, au regard des avancées significatives que les juridictions nationales et internationales avaient désormais imprimées au droit de la procédure civile et pénale. Une question préalable se posait à cet égard, tout particulièrement en considération du caractère universel du message évangélique et de l'église romaine : ces deux jugements divins adopteraient-ils la procédure inquisitoire (secrète et unilatérale) ou la procédure accusatoire (publique et contradictoire) ? La Commission n'avait pu se mettre d'accord sur une proposition unanime à ce sujet : alors que l'avocat *pro deo* se déclarait partisan d'une habile synthèse des deux, gage d'ouverture interculturelle, l'avocat du diable s'était révélé un ardent partisan de la procédure inquisitoire. Ce dernier ne put, à ce stade, réprimer une vigoureuse intervention : il enjoignait les honorables membres du Tribunal à considérer avec le plus grand sérieux tous les bienfaits d'une procédure qui, en d'autres temps, avait produit d'aussi heureux résultats. Époque bénie où, à la différence du laxisme d'aujourd'hui, l'hérésie était traquée et condamnée avec la plus grande fermeté. Seules des méthodes inquisitoriales sont de nature, soulignait-il, à sonder réellement les reins et les cœurs et à conférer à la justice divine le sérieux qu'elle mérite. Un observateur attentif aurait pu remarquer que ces propos recueillaient un assentiment discret de l'archange Michel, soudain moins morose.

Laissant ce point à la sagesse du Tribunal, tout en suggérant qu'un compromis pouvait sans doute être trouvé entre une phase d'instruction plutôt inquisitoriale, suivie d'une phase de jugement à caractère accusatoire, le bâtonnier attaqua ensuite l'important chapitre relatif aux garanties du procès équitable, telles que définies notamment à l'article 6 de la Convention européenne des droits de l'homme. Et tout d'abord, l'impartialité et l'indépendance du Tribunal. « Les justiciables trouvent dans ces principes la garantie que les juges appliqueront la loi de manière égale », précise à cet égard l'article 14.1 du Pacte international relatif aux droits civils et politiques – mais, se demandait le bâtonnier, comment concilier cette exigence avec le fait que la loi n'avait pas été annoncée à nombre d'hommes, tandis que d'autres, aussi nombreux, n'y avaient point adhéré ? Cette fois ce fut au tour de l'avocat *pro deo* d'intervenir : « cette question est aussi ancienne que le christianisme lui-même, lorsque l'apôtre Paul réussit à conférer une portée universelle au message du Christ, alors que menaçait une récupération judaïque de celui-ci. Rappelez-vous : *Galates*, 3,-28 « il n'y a plus ni Juif, ni Grec, ni esclave, ni homme libre, ni homme, ni femme ».

— Certes, convint le bâtonnier, mais les auteurs de la Résolution s'inquiètent à juste titre des légitimes réactions des non-croyants à l'égard d'une procédure leur appliquant une loi qui leur est étrangère. Ce point est essentiel et mérite une mise au point préalable du Tribunal.

— Maître, intervint saint Yves, le Tribunal vous fait observer que vous touchez ici des enjeux théologiques qui devraient demeurer en-dehors de nos débats, je vous invite donc à vous en tenir aux enjeux procéduraux du jugement.

Ne laissant rien apercevoir de sa contrariété, le bâtonnier poursuivit :

— J'y viens, Monsieur le président. Pour l'essentiel, l'indépendance et l'impartialité du Tribunal s'entendent de l'absence de confusion entre celui-ci et les pouvoirs législatif et exécutif. Ils impliquent notamment que le magistrat ne soit pas juge et partie dans la même affaire, qu'il ne cumule pas les fonctions de poursuite, d'instruction et de jugement, et encore qu'il n'ait pas connu de la même affaire dans l'exercice d'une autre fonction judiciaire. Or, il faut bien reconnaître que, dans notre cas, chacun de ces points soulève des problèmes épineux. Omniscient et omnipuissant, Dieu, source de la justice divine, cumule assurément les trois fonctions législative, exécutive et judiciaire au Royaume céleste. Au regard du canon, c'est Lui aussi qui exerce successivement les fonctions de poursuite, d'instruction et de jugement; enfin, ayant prononcé le jugement immédiat qui concerne chaque homme en particulier, c'est encore Lui, ou son substitut, qui prononce la sentence collective du jugement dernier.

Très mal à l'aise depuis un moment, l'avocat *pro deo* demande la parole :

— Je ne saurais souscrire à cette analyse. Il ne vient à l'esprit de personne, je suppose, de mettre en cause l'impartialité et l'indépendance du Très-Haut. Celles-ci se présument jusqu'à preuve du contraire, et particulièrement lorsqu'il s'agit de Celui qui est source de toute justice. Les propos que nous venons d'entendre sont hors de propos et à la limite du procès d'intention.

— Loin de moi cette idée, répartit le bâtonnier. Mais mon honorable confrère n'ignore sans doute pas la jurisprudence récente de la Cour européenne des droits de l'homme : il ne suffit plus de noter que le Tribunal *est* impartial, encore faut-il qu'il en donne les *apparences. Justice must not only be done, it must also be seen to be done.* Convenez au moins que, sur ce point, les apparences sont contre vous. La Cour précise encore que, dans les cas où l'impartialité *subjective* du magistrat n'est pas en cause, encore faut-il qu'il en aille de même de l'impartialité *objective* de la justice qu'il rend, celle-ci étant fonction de l'organisation même de la juridiction. Or, comment, à cet égard, ne pas être inquiet, pour dire le moins, lorsqu'il apparaît que la même instance, fut-elle divine, remplit simultanément les fonctions d'instruction, de poursuite et de jugement ? Lorsque des cas pareils se présentent devant la justice humaine, du moins existe-t-il des possibilités de dessaisissement au profit d'une autre juridiction, mais, dans le cas de la justice divine, à quel saint va-t-on se vouer ?

À ce stade des débats, l'avocat du diable demande à son tour la parole pour faire, dit-il, une importante communication. Bien conscient de la réalité du problème et des légitimes inquiétudes de la communauté des juristes, même les mieux intentionnés, dans le souci aussi de la légitimité de la justice céleste, l'Office qu'il a l'honneur de représenter l'a chargé d'une offre de solution. Il se propose en effet de se charger à l'avenir de la mise en état du dossier et de la mission d'accusation : qui en effet de mieux placé que le diable lui-même pour éclairer le Tribunal sur les turpitudes des âmes humaines – n'en est-il pas lui-même l'inspirateur ?

Saint Louis, sorti de sa torpeur apparente, se penche vers le président et lui souffle quelques mots à l'oreille ; « le Tribunal vous donne acte de cette proposition », se contentât de déclarer saint Yves, engageant du geste le bâtonnier à poursuivre.

— Un autre volet délicat de la Résolution que j'ai l'honneur de défendre devant le Tribunal concerne la présomption d'innocence et le droit au silence du prévenu ou de l'accusé, déclarât le bâtonnier. Ces droits fondamentaux impliquent notamment que le doute profite à la personne mise en accusation ; mais peut-on imaginer que Dieu lui-même se mette à douter ? Elles impliquent aussi le droit pour l'accusé de ne pas répondre aux questions et de ne pas être contraint de témoigner contre lui-même. Mais, ici encore, on peut se demander ce qui reste de ces garanties, dès lors que, comme chacun sait, rien n'échappe au Grand Juge, comme le découvrait déjà Caïn, poursuivi par l'œil de Dieu jusque dans la tombe.

— Mais, intervint l'avocat *pro deo* très énervé depuis un moment, toutes ces modalités valent pour les juridictions ordinaires, affectées des faiblesses des hommes, mais ne perd-on pas de vue que nous sommes ici en présence du jugement de Celui qui est source de toute justice ?

— Ah, nous y voilà !, répartit le bâtonnier, voilà le piège, voilà le danger mortel : éluder les garanties par la mise en place de juridictions extraordinaires. Mais, mon cher confrère, vous n'ignorez pas que nos Constitutions prohibent avec la plus grande fermeté l'érection de juridictions spéciales, source d'une justice à deux vitesses. Le propre des droits fondamentaux est de s'imposer partout et en toutes circonstances – je dirais même que c'est quand la crue menace que les digues sont le plus nécessaires. Loin de revendiquer ici je ne sais quelle exception ou privilège, la justice divine ne devrait-elle pas, sur ce point comme sur les autres, se montrer particulièrement exemplaire ?

Ceci m'amène à aborder l'important chapitre des droits de la défense qui ont fait l'objet d'approfondissements bienvenus au cours de ces dernières décennies, poursuivit le bâtonnier, maintenant bien lancé. On y associe désormais le droit de disposer du temps et des facilités nécessaires à la préparation de sa défense, le choix du défenseur de son choix, le droit de présenter tout moyen de preuve, et celui de contester les preuves avancées par l'accusation. Le justiciable a également le droit à la protection de sa vie privée ; or, comment garantir ici, je vous le demande, le secret de la correspondance et des échanges téléphoniques, l'intégrité du domicile, le secret professionnel ? Et si on prend en considération le jugement particulier dont j'ai parlé, procès qui intervient au lendemain du décès du prévenu, et sans même parler du jugement dernier qui aura lieu plus tard, on se perd en conjectures sur ses modalités d'organisation et la possibilité de satisfaire à ces exigences élémentaires. Comment honorer le principe d'« égalité des armes » dans des circonstances aussi particulières et face à un Juge omniscient et omnipotent ?

Je signale, du reste, que cette question n'est pas neuve ; déjà dans les scènes de jugement dernier qui ornent le tympan de nos cathédrales, comme à Amiens, on y voit représentée une scène primitive de pesée des âmes, le diable tirant à lui un des plateaux, un ange compensant discrètement en pesant de l'autre côté sur le fléau de la balance. Ces scènes, aussi touchantes que naïves, traduisent un légitime besoin de justice – il s'impose, en ce début du XXIe siècle, qu'une procédure moins primitive et plus respectueuse des formes de la justice soit proposée aux hommes de notre temps. Le Tribunal peut être assuré que les barreaux mettront leur point d'honneur à collaborer à des réformes aussi exaltantes.

— Eh bien, on n'est pas sorti de l'auberge, je vous promets bien du plaisir, ironisait doucement l'avocat du diable, jetant un regard faussement compatissant en direction de l'archange Michel.

— J'ajoute, poursuivait, imperturbable, le bâtonnier, j'ajoute que le procès équitable suppose aussi que l'accusé bénéficie de la publicité des audiences et que son affaire soit jugée dans un délai raisonnable.

— Mais vous perdez de vue que le Tribunal peut décider le huis clos lorsque l'intérêt de la moralité ou la protection de la vie privée l'imposent, précisa l'avocat *pro deo* d'un air pénétré.

— Sans doute, mais ces conditions sont d'interprétation restrictive, rectifia le bâtonnier. Tout cela ne manque pas de poser des questions à vrai dire abyssales, surtout en ce qui concerne le jugement dernier. Comment organiser la publicité d'un tel jugement universel ? Et puis aussi, comment garantir le délai raisonnable du jugement dernier alors que certains justiciables, morts depuis des siècles, attendent toujours d'être définitivement fixés sur leur sort ? Comment pourraient-ils assurer efficacement leur défense au terme d'une période aussi longue ? La mémoire divine est infaillible, mais il n'en va pas de même de celle des hommes ;

quant aux éléments de preuve, ils auront disparu depuis longtemps. Et en ce qui concerne les justiciables logés au purgatoire, comment respecter le prescrit des articles relatifs aux détentions provisoires commandant d'« être aussitôt traduits devant un juge » ?

— À ce sujet, je demande au Tribunal d'acter l'objection préalable que j'ai déjà eu l'occasion de formuler, intervint l'avocat du diable ; il ne se conçoit pas que des damnés dont j'ai la garde soient soustraits à la juste peine qui leur est infligée, la justice divine en perdrait toute crédibilité.

Les heures passaient, et la fatigue, sinon l'énervement, gagnaient jusqu'aux saintes personnalités qui composaient le Tribunal.

— Maître, il se fait tard, ne pourrions-nous conclure pour aujourd'hui ?, fit saint Yves.

— J'en termine sur les aspects proprement procéduraux, Monsieur le président, enchaîna le bâtonnier, mais il m'est impossible de ne pas évoquer encore une dernière garantie essentielle du procès équitable : l'exigence de motivation du jugement et le double degré de juridiction. Si rien n'est impossible à Dieu, et qu'on conçoit la possibilité de bénéficier d'un jugement complètement motivé pour chacun des vivants et des morts qui seront passés en jugement « le jour du Seigneur », comme disent les saintes écritures, en revanche, le double degré de juridiction semble poser un problème insoluble : à quelle instance supérieure un jugement divin serait-il susceptible d'être déféré ?

— Faux problème, s'exclama l'avocat *pro deo*, il suffit de songer aux décisions des cours d'assises, qui sont pourtant amenées à prononcer les peines les plus lourdes dans les cas les plus graves : jusque très récemment elles n'étaient pas susceptibles de recours et ne s'accompagnaient pas de motivation. Les jurés se prononçaient « en âme et conscience » – prétendra-t-on que ce qui est possible aux justiciables ordinaires ne l'est pas au Créateur lui-même ?

— Loin de moi cette idée, reprit le bâtonnier, mais, comme vous le rappelez du reste vous-même, il se fait que les progrès de la conscience juridique conduisent aujourd'hui à étendre les droits fondamentaux jusqu'en ces confins ultimes de la justice des hommes. Je vous retourne donc l'argument : prêterait-on à Dieu moins de souci du procès équitable qu'à ses créatures? Tout est là, Monsieur le président; ainsi est résumé l'enjeu essentiel de la question soumise à la sagesse de votre Tribunal. J'en ai terminé pour aujourd'hui, me proposant d'aborder demain les questions de fond évoquées par la Résolution. J'ai dit.

— Reprise des débats, demain à 10h.

Le bâtonnier, auquel le président venait de donner la parole pour cette seconde journée de débat, s'éclaircit la voix, et entama son plaidoyer sur un ton grave et pénétré.

— Hier, dit-il, j'ai eu l'honneur d'aborder la question du jugement dernier sous un angle disons, formel et procédural, prenant au sérieux la tradition qui évoque les institutions, les rituels et les critères de la justice divine. Aujourd'hui, je souhaite traiter la question sous un angle plus radical encore, qui interroge le sens même de cette justice. Car enfin, vous m'accorderez qu'une incertitude majeure subsiste, génératrice de bien des inquiétudes, quant à la nature même du geste que désigne cet ultime jugement. De quoi « jugement dernier » est-il le nom? D'un texte à l'autre, parfois d'un passage à l'autre d'un même texte, le lecteur est renvoyé à des réponses différentes, voire opposées.

En un mot comme en cent : s'agit-il d'un jugement, impliquant son lot de condamnation, ou plutôt de pardon, voire d'amnistie générale? Tout se passe comme si, depuis déjà les écrits des prophètes d'Israël, deux traditions se croisaient, soufflant, si j'ose dire, l'eau et le feu, agitant d'un côté la menace de l'enfer, laissant par ailleurs planer l'espoir d'une rédemption générale. Certes, on pourrait soutenir qu'une certaine évolution historique se dégage, des textes les plus anciens aux écrits plus récents, du juridisme ombrageux des prophètes à l'optimisme prosélyte des apôtres – un mouvement qui, après avoir évoqué la colère d'un Dieu vengeur, annoncerait désormais l'imminence d'une rémission universelle des fautes. Mais cette interprétation ne se confirme pas nécessairement, les Évangiles ne manquant pas, ni les Actes des apôtres, de référence au châtiment éternel.

Au passage, et à titre de parenthèse, je voudrais signaler aussi que se posent des questions relatives à l'identité du Juge suprême, poursuivit le bâtonnier, décidément résolu à ne rien lâcher. Dieu le Père ou Jésus, son fils? Le Dieu de l'Ancien Testament, ou le Christ rédempteur? Si la majorité des textes (*Actes des apôtres* notamment, en 10, 42 et 17, 3) laisse penser qu'il s'agit de Jésus (et si l'identité des trois personnes au sein de La Trinité donne à cette question un caractère un peu vain, j'en conviens), un texte au moins laisse entendre que les apôtres eux-mêmes seront associés aux audiences du Tribunal suprême : « quand le Fils de l'homme siégera sur son trône de gloire, vous siégerez vous aussi sur douze trônes pour juger les douze tribus d'Israël » (Matthieu, 19, 28). Vous conviendrez que ces variations laissent planer des doutes qui ne sont pas compatibles avec la sécurité juridique attendue d'une bonne justice.

N'y tenant plus, l'avocat *pro deo* l'interrompt :

— Mais enfin, Maître, vous n'ignorez tout de même pas que ce texte a une portée métaphorique et qu'il ne doit pas être entendu au pied de la lettre!

— Alors il faut qu'on m'explique quels versets doivent être pris au pied de la lettre, et quels autres au sens métaphorique, s'emporta le bâtonnier. Non, c'est vraiment trop facile, quand un texte vous arrange, on le sacralise, et quand il vous dérange, on le déclare métaphorique. Non, et non : la règle juridique ne s'accommode pas de la licence poétique. On m'a toujours appris aussi que la Bible faisait un tout; lui enlever une seule lettre conduit à la dénaturer entièrement.

— Bien parlé, fit l'avocat du diable qui prenait visiblement beaucoup de plaisir à cet échange.

— Poursuivez, Maître, et revenez à votre objet principal : les deux traditions que vous croyez déceler dans le corpus. Mais je vous rappelle aussi que vous vous étiez engagé à ne pas déborder sur les aspects proprement théologiques, or ici vous frôlez la limite.

— Merci, Monsieur le Président. Croyez bien que je m'efforce de ne pas empiéter sur ce domaine qui n'est pas celui des juristes, mais la chose n'est pas aisée, dès lors qu'on parle bien de « jugement », et cela dans des sens parfois très étrangers à ceux auxquels les serviteurs de la loi sont accoutumés. Je reviens donc aux deux lignes d'interprétation que la Résolution croit pouvoir dégager des textes : jugement (et, au moins pour certains, condamnation) ou rédemption et pardon.

Le thème du jugement est le plus ancien et le plus constant; il occuperait, selon certains exégètes, non moins d'un quart du corpus; c'est lui aussi qui figure en bonne place dans nos représentations picturales et nos sculptures – dois-je rappeler le plafond de la chapelle Sixtine sous la voûte de laquelle se réunissait le concile de Vatican II? C'est en Matthieu 25, 31-46 qu'on en trouve l'évocation la plus classique : le Fils de l'Homme, escorté des anges, qui prend place sur son trône de gloire, les nations rassemblées devant lui. Puis la séparation des bons et des mauvais, brebis d'un côté, boucs de l'autre; aux uns, les élus, le royaume en héritage, aux autres, les maudits, le feu éternel. Ainsi, le jour du jugement, les morts ressuscitent et tous les hommes comparaissent devant ce Tribunal suprême; à chacun il sera rendu selon ses œuvres.

Si jugement ne signifie pas nécessairement condamnation, il serait cependant trompeur de taire cette dimension, bien présente jusque et y compris dans les Évangiles.

— Très juste, approuve l'avocat du diable, tandis que, sur le banc du Tribunal, l'archange Michel semblait avoir retrouvé toute sa superbe.

— Le créancier impitoyable, reprend le bâtonnier, très inspiré, livre aux tortionnaires son domestique qui n'a pas pardonné à son propre débiteur (Matthieu 18, 23) ; le moissonneur brûle l'ivraie qui s'était mêlée au bon grain (Matthieu 13, 24) ; le maître du festin jette dehors les malfaisants : là seront les pleurs et les grincements de dents (Luc 13,22) – « allez-vous en, loin de moi, maudits, au feu éternel »

(Matthieu 25, 41-46). Partout court cette menace : « craignez celui qui peut perdre dans la géhenne à la fois l'âme et le corps » (Matthieu 10,2-8), et saint Paul relaye le message à destination des non juifs : « la colère de Dieu se révèle du haut du ciel contre toute impiété » (*Épître aux Romains*, 1,18).

Et puis, en contrepoint, il y a la seconde tradition, celle de la rédemption et du pardon. Le même Paul qui annonçait la colère de Dieu aux Romains, promet cette fois aux Thessaloniciens que Jésus « nous libère de la colère qui vient » (1 Th., 6-10). Quand il guérit le paralytique, Jésus déclare : « le Fils de l'Homme a le pouvoir de remettre les péchés sur la terre » (Luc 5,17-26). Cette fois la grâce semble l'emporter sur la colère; la bonne nouvelle de l'irruption du Royaume se répand, et cela aussi pour les pécheurs, à condition qu'ils en acceptent l'invitation. « Tous ont péché, écrit saint Paul, et ils sont pardonnés par la faveur de sa grâce en vertu de la rédemption accomplie par le Christ Jésus » (*Épître aux Romains*, 3, 23).

Je suis désolé de citer tous ces textes devant votre saint Tribunal qui les connaît mieux que personne, poursuivit le bâtonnier, mais vous devez comprendre notre embarras à nous qui ne disposons pas de vos lumières. La gêne gagne d'ailleurs les clercs eux-mêmes et se trahit parfois dans des artifices de traduction : juger, condamner ou pardonner? Je pends l'exemple de la *Bible de Jérusalem*, au fameux verset 17 du chapitre 3 de l'Évangile de Jean – on y lit : « Car Dieu n'a pas envoyé son Fils dans le monde pour *condamner* le monde, mais pour que le monde soit sauvé par lui ». Elle traduit donc « condamner » le monde; or, vérification faite dans le texte grec, c'est le verbe *krinein* qui est utilisé : *krinein*, juger, et pas *katakrinein*, condamner. Une traduction plus fidèle du texte serait donc : « Dieu n'a pas envoyé son Fils dans le monde pour *juger* le monde, mais pour que le monde soit sauvé par lui ». De toute évidence, les traducteurs tentent de concilier les deux traditions en substituant « condamner » à « juger » – il y aurait bien jugement, mais un jugement largement bienveillant, assurant le salut à tous ceux qui seraient disposés à accueillir la bonne nouvelle. Il n'empêche que Jean écrit « juger » et pas

« condamner » ; et il répète le même enseignement, dans les mêmes termes (*krisis, krinein*) en 5, 22 et 12, 47.

Le bâtonnier fait une pause, conscient d'avoir marqué un point important. Un ange passe, si on peut dire, et il est difficile de savoir s'il est céleste ou diabolique ; saint Louis lui-même fronce le sourcil, préoccupé.

— Monsieur le président, la Résolution dont je suis ce matin le porte-parole ne se borne pas à pointer ces tensions et ces contradictions, poursuit le bâtonnier avec une certaine solennité. Elle plaide résolument en faveur de la seconde interprétation et invite les Autorités à opter franchement en faveur du dépassement définitif du thème de la colère et de la condamnation. Et cela d'autant que, sous-jacente à la seconde interprétation, court aussi un thème plus discret, mais plus radical encore ; un motif qui s'analyse comme un rejet, un dépassement en tout cas, de toute espèce de jugement. Déjà le *Psaume* 142-2 prie Yahvé en ces termes : « n'entre pas en jugement avec ton serviteur, car nul vivant n'est justifié devant toi » (Paul en reprend la substance en *Galates* 2, 16). Les évangélistes renchérissent en soulignant l'enseignement de Jésus : « ne jugez pas si vous ne voulez pas être jugé » (Matthieu 7, 1 ; Luc 4, 24). Et puis Jésus lui-même, tout au long de sa vie publique, ne s'est-il pas toujours gardé, malgré les sollicitations, de jouer le rôle de juge, – ainsi, lorsqu'on lui demande de trancher une querelle d'héritage, il répondra : « qui m'a établi pour être juge ou chargé de partage ? » (Luc 12, 14). Enfin, lorsqu'il sera traduit lui-même en jugement, devant le *Sanhédrin* d'abord, Pilate ensuite, c'est à peine s'il consentira à répondre aux questions qu'on lui posait.

Tous ces textes, et le mouvement même qui traverse les Évangiles, ne devraient-ils pas nous inciter à abandonner définitivement les menaces de l'enfer et à parler du salut, aux hommes d'aujourd'hui, dans un langage plus mobilisateur ? Voilà la question que nous posons.

À ce moment, qui semblait marquer le point final de l'intervention du bâtonnier, l'avocat *pro deo*, tenant quelques feuillets à la main, sollicite la parole. Il souhaite, à ce stade de la procédure, faire une déclaration officielle au nom de l'Office qui l'a désigné.

— Je salue, commença-t-il, la bonne volonté de mes confrères à l'origine de la Résolution, dont Monsieur le bâtonnier vient de nous résumer l'essentiel. Leur bonne foi ne peut être mise en doute; cependant la lecture qui nous a été faite des textes sacrés, amputée de son inspiration théologique, a nécessairement pour effet d'en dénaturer largement la portée. Hier, nous sombrions dans les arguties juridiques, aujourd'hui nous agitons des textes sans le moindre souci de conciliation, qui pourtant caractérise depuis toujours l'herméneutique des textes sacrés. Il en résulte que le doute, la chicane, les sophismes menacent, là où, au contraire, se fait entendre le souffle puissant d'une espérance eschatologique.

Loin d'être incompatibles, jugement, condamnation et pardon vont ensemble; ce que dit la tradition, c'est que tout homme sera jugé selon ses œuvres, individuellement d'abord, collectivement plus tard. Mais le sacrifice du Sauveur a changé la portée de ce jugement : le pardon est désormais généreusement offert, comme les places au festin du Royaume, à tous ceux qui ne se dérobent pas à l'invitation. Pour les autres, bien entendu, ce sera l'échec et donc le désespoir – « on ne se moque pas de Dieu, écrit Paul en *Galates* 6, 7, car ce que l'on sème, on le récolte ».

Avant la rédemption, prévalait l'instance du jugement – un jugement classique, pourrait-on dire, avec salut pour les fidèles et condamnation pour les pécheurs; après la rédemption, tout s'inverse : ce qui est premier, c'est l'annonce du salut; ceux qui en acceptent la nouvelle sont assurés d'être les invités de la maison du Père, et ce n'est que pour ceux qui persistent dans le refus qu'il y a jugement et, éventuellement condamnation. Quelle conclusion en tirer pour la vie quotidienne? C'est simple : vivre dans l'espérance cette tension entre certitude d'un pardon accordé à l'humanité pécheresse, et obligation, pour les rédimés que nous sommes, d'agir en conformité avec l'engagement de foi que nous aurons manifesté en acceptant la bonne nouvelle.

En conclusion, il me revient de prier respectueusement le tribunal de rassurer les auteurs de la Résolution en proposant une lecture du jugement dernier, qui, sans nier la perspective d'une possible damnation, en donne une version positive, conforme au langage d'aujourd'hui, et qui, du reste, ne ferait que renouer avec l'espérance suscitée par la Grâce qui s'annonce.

Assez satisfait de sa prestation, l'avocat *pro deo* s'est rassis, tandis que l'avocat du diable demande à son tour la parole.

— Rassurez-vous, déclara-t-il, je serai bref. Je suppose que vous n'attendez pas de moi une nouvelle exégèse des textes. Les débats de ces deux derniers jours témoignent à suffisance de leur ambiguïté, sinon de leur duplicité. Au paradis déjà, le soi-disant arbre de la connaissance prétendait mettre la vérité à l'abri du regard des mortels. Or, la vérité est pourtant simple : les hommes sont mortels, et le combat entre le bien et le mal est aussi vieux que le monde. L'ordre des choses repose sur cette tension. Vous pouvez le repeindre en rose tant que vous voudrez, vous ne convaincrez que les naïfs. Espérance, salut, rédemption, grâce, jamais n'aboliront le mal et le péché. L'enfer est donc une nécessité ontologique ; la stabilité de l'ordre du monde repose sur lui aussi bien que sur le ciel et ses églises. Ouvrir maintenant, à tous vents, les portes du paradis serait, vous vous en doutez bien, donner libre cours à tous les abus, – aucun frein ne retiendrait plus la licence. Et puis aussi que resterait-il de la sécurité juridique et des droits acquis de tous ceux qui, depuis des millénaires, se sont conformés aux contraintes qu'impose ce grand partage ? Que resterait-il de la confiance légitime qu'ils ont placée dans les autorités qui s'en présentent comme les garants ? Dans ces conditions, je demande au Tribunal de rejeter les conclusions de la Résolution. Je suis sans doute moins diplomate que mon confrère *pro deo*, mais, en définitive, nos conclusions se rejoignent.

— Monsieur le bâtonnier, souhaitez-vous ajouter quelque chose ?, demande saint Yves, plutôt embarrassé, semble-t-il, de la tournure que prennent les débats.

— L'heure est avancée, et je ne voudrais pas abuser de la patience du Tribunal, fit le vieil avocat. Mais je ne puis m'empêcher de rester songeur face à cette étrange convergence des conclusions de mes deux estimés confrères. Que cache donc cet attachement au *statu quo*? D'où vient cette frilosité? N'est-ce pas toujours la même condescendance des gardiens du temple, la même assurance tranquille des docteurs de la loi à laquelle fait pendant le cynisme de leurs adversaires? Or, que fait Celui-là même dont ils se réclament? Il dîne avec les publicains, il fraternise avec la prostituée, il met au défi ceux qui n'ont jamais pêché de leur lancer la première pierre? J'ose croire que le Tribunal se laissera inspirer par la force de cet exemple plutôt que par la résignation désespérante à laquelle l'invitent mes confrères. J'ai dit ».

— L'affaire est mise en délibéré. Rendez-vous demain matin, dix heures, pour le prononcé de l'Avis du Tribunal.

La tension était palpable, le lendemain matin, au moment où saint Yves entama la lecture de l'Avis rendu par le saint Tribunal. Celui-ci, fort bref, était ainsi conçu :

« Après en avoir délibéré, le *Tribunal céleste* établi pour rendre un Avis sur l'opportunité d'avoir à modifier l'enseignement relatif au jugement dernier décide que :

— quant aux aspects procéduraux évoqués dans la première partie de la Résolution, il paraît opportun de débarrasser désormais l'idée de jugement dernier de toute connotation juridique, celui-ci devant s'entendre dans un sens anthropologique et théologique, comme la rencontre entre l'homme et son Créateur, le moment où se dévoile la vérité de l'existence de chacun.

— quant aux questions soulevées dans la deuxième partie de la Résolution, le Tribunal s'estime incompétent pour en connaître, en raison même de leur caractère fondamental, et décide de poser une question préjudicielle à l'Autorité suprême dont il émane. Il ajoute cependant que, par deux voix contre trois, il recommande au Très-Haut l'abandon de toute terminologie évocatrice de jugement, de colère et de condamnation.

En conséquence de quoi, l'affaire est mise en continuation.

Donné à Rome, le 3 novembre de l'an de grâce 2018 ».

Si nous débattions…

- Quel est l'intérêt du contradictoire ?
- Quel est le rapport entre juger, comprendre et pardonner ?
- Les Commissions « *Vérité et réconciliation* » relèvent-elles du droit ?
- Qu'est-ce qui différencie l'amnistie de l'amnésie ?
- Faut-il craindre les procès collectifs ?
- Faut-il concevoir les droits de l'homme comme un bouclier contre le droit pénal ou comme une épée de celui-ci ?

Bibliographie sommaire

- *Le Jugement dans l'un et l'autre testament*, Paris, Le Cerf, 2004.
- D. Marguerat, « Loi et jugement dernier dans le Nouveau testament », in Fr. Mies (dir.), *Bible et droit. L'esprit des lois*, Bruxelles, Éd. Lessius, 2001.
- « Le Pardon. Briser la dette et l'oubli », in *Autrement*. Série Morales n° 4, Paris, Autrement, 1993.
- B. Bouloc, *Procédure pénale*, 26e éd., Paris, Dalloz, 2017.
- M.-A. Beernaert et *alii*, *Introduction à la procédure pénale*, Bruxelles, La Charte, 2009.
- M. van de Kerchove, *Le droit sans peines*, Bruxelles, Presses de l'Université Saint-Louis, 1987 ; *Sens et non-sens de la peine*, Bruxelles, Presses de l'Université Saint-Louis, 2009.
- A. Garapon, *Peut-on réparer l'histoire ?*, Paris, Odile Jacob, 2008.
- A. Garapon et D. Salas, *La justice et le mal*, Paris, Odile Jacob, coll. « Opus », 1997.
- R. Jacob, *La grâce des juges. L'institution judiciaire et le sacré en Occident*, Paris, PUF, 2014.
- F. Ost et *alii* (dir.), *Les Droits de l'homme, bouclier ou épée du droit pénal ?*, Bruxelles, Presses de l'Université Saint-Louis, 2007.
- L. Boltanski, *L'amour et la justice comme compétences*, Paris, Gallimard, coll. « Folio Essais », 2011.
- P. Ricœur, *amour et justice*, Paris, Seuil, 2008.

DU MÊME AUTEUR

Le droit, objet de passions ? I crave the law, Bruxelles, Académie royale de Belgique, coll. « L'Académie en poche », 2018.

À quoi sert le droit ? Usages, fonctions, finalités, Bruxelles, Bruylant, 2016.

Shakespeare. La Comédie de la Loi, Paris, Michalon, 2012.

Le droit comme traduction, Québec, Presses de l'Université de Laval, 2009.

Traduire. Défense et illustration du multilinguisme, Paris, Fayard, 2009.

Furetière. La démocratisation de la langue, Paris, Michalon, 2008.

La nuit la plus longue. Sade et Portalis au pied de l'échafaud, Bruxelles, Anthémis, 2008.

Dire le droit, faire justice, Bruxelles, Bruylant, 2007.

Sade et la loi, Paris, Paris, Odile Jacob, 2005.

Raconter la loi. Aux sources de l'imaginaire juridique, Paris, Odile Jacob, 2004.

Antigone voilée, Bruxelles, Larcier, 2004.

De la pyramide au réseau ? Pour une théorie dialectique du droit (avec Michel van de Kerchove), Bruxelles, Publications des Facultés universitaires Saint-Louis, 2002.

Le temps du droit, Paris, Odile Jacob, 1999.

Du Sinaï au Champ-de-Mars. L'autre et le même au fondement du droit, Bruxelles, Éditions Lessius, 1999.

La nature hors la loi. L'écologie à l'épreuve du droit, Paris, La Découverte, 1995 (2e éd., 2003).

Le droit ou les paradoxes du jeu (avec Michel van de Kerchove), Paris, PUF, 1992.

Entre droit et non-droit, l'intérêt, Bruxelles, Publications des Facultés universitaires Saint-Louis, 1990.

Entre la lettre et l'esprit. Les directives d'interprétation en droit (avec Michel van de Kerchove), Bruxelles, Bruylant, 1989.

Le système juridique entre ordre et désordre (avec Michel van de Kerchove), Paris, PUF, 1988.

Jalons pour une théorie critique du droit (avec Michel van de Kerchove), Bruxelles, Publications des Facultés universitaires Saint-Louis, 1987 (2e éd., 1999).

Bonnes mœurs, discours pénal et rationalité juridique (avec Michel van de Kerchove), Bruxelles, Publications des Facultés universitaires Saint-Louis, 1982.

Droit, mythe et raison (avec Jacques Lenoble), Bruxelles, Publications des Facultés universitaires Saint-Louis, 1980.

pcacmb
édition pré-presse
livres numériques

44400 Rezé

719104 - 719541 (I) OSB - A 80 - SCM - HCH
Achevé d'imprimer en août 2019 sur les presses de l'Imprimerie CHIRAT
42540 Saint-Just-la-Pendue
Dépôt légal : octobre 2019 - N° 201907.0185

Imprimé en France